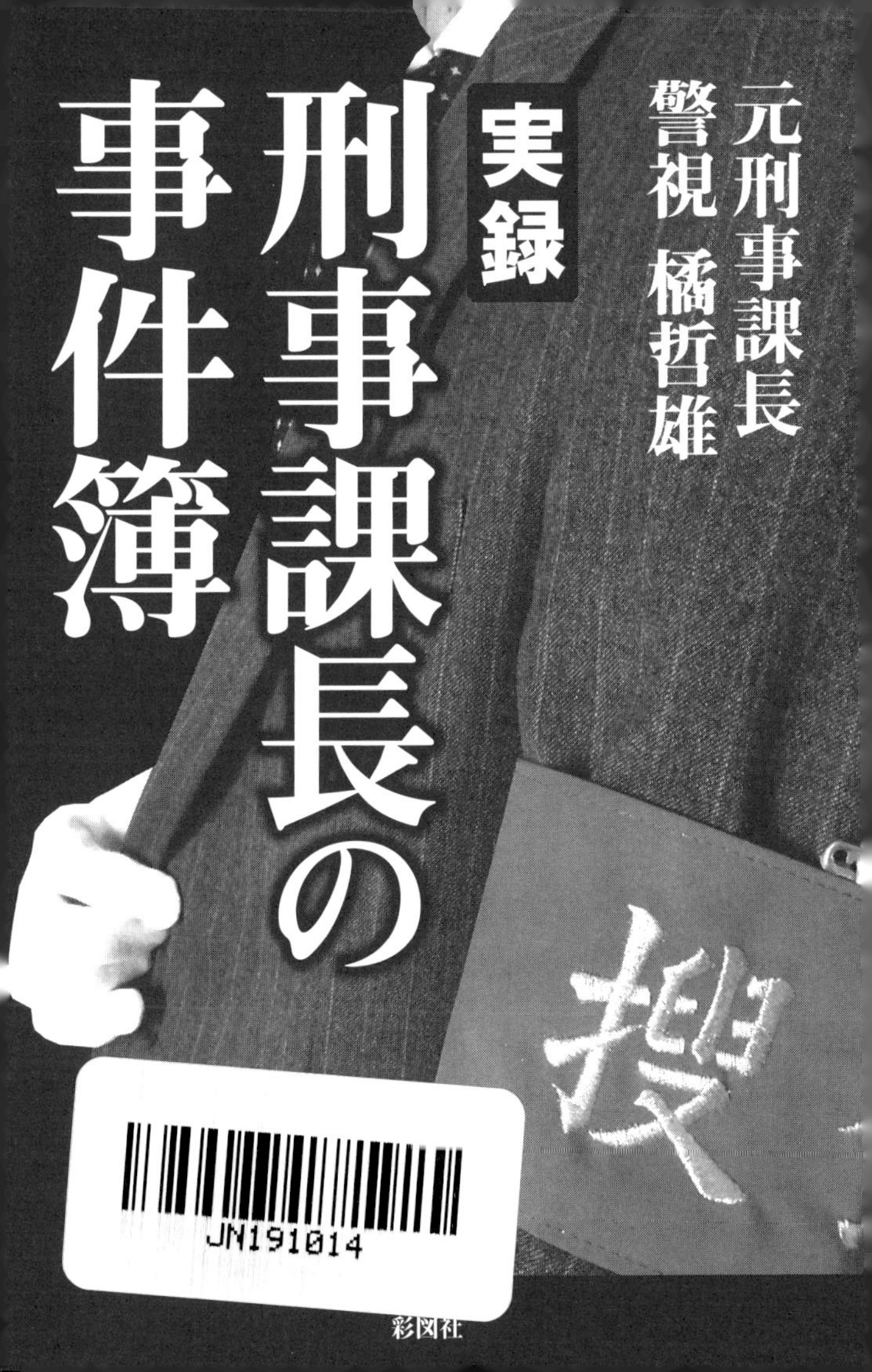

元刑事課長
警視 橘哲雄

実録 刑事課長の事件簿

彩図社

はじめに

刑事課長は、原則として警部または警視の階級にあって警察署で刑事部門（刑事課）を担当し、それを取り仕切る管理職です。

警察が関係するテレビドラマにも刑事課長はよく登場しますが、大抵は主役の刑事を引き立てる脇役で、実際の仕事の内容についてはあまり描写されていません。

しかし刑事課長というのは、事件の筋道を考え捜査員を指揮指導する他、マスコミ対策なども考える、内にも外にも大変な仕事です。私は約5年間、その職に就いていたのでその大変さが分かります。

私はこれまでの勤務における出来事や見聞きしたこと、気付いたことなどを日記やメモなどに記録していました。それらの中から印象的なエピソードを紹介しながら刑事課長の業務と事件のことについてお話ししようと思います。

なお、当時は容認されていましたが、時代の流れや規則などの改正により、現在では許可されていない内容があることをご理解ください。

実録　刑事課長の事件簿　目次

第3章　盗犯の事件簿

第4章　知能犯の事件簿

第5章　暴力犯の事件簿

第6章　当直勤務の事件簿

第7章　日々の職務の中から

第8章　涼しくなる話

第1章

刑事課長の基礎知識

刑事課長の始まり

暑い最中の7月終わり頃だったと記憶しています。

当時、私は警部補の階級でS県警察本部刑事部刑事総務課の捜査共助係長の職にいました。

捜査共助係という係は、簡単にいえばよその県警察からの捜査に関する依頼などの対応や指名手配被疑者関係、Nシステム（自動車ナンバー自動読取装置）に関する業務をするところです。その他には刑事部に関係する特命捜査も行っていました。

そしてその日はかねてから予定されていた広域誘拐事件訓練の日でした。

早朝から私は、警察本部内にある総合指揮室に従事者の一員として詰めていました。この訓練は、よその県で発生した誘拐事件の現金受け渡しの現場が当県に波及したとして捜査行動するという少しハードなものでした。

その中での私の仕事は、現場から上がってくる情報等を集約してプロジェクターに表示し、上部機関（管区警察局、警察庁）に報告するというものでした。この日も、次々と仮装被疑者からの要求が入ります。

「身代金を○○駅まで持ってこい」「場所を変える。△△公園まで届けろ」

次々に受け渡し場所が変更され、県内のあちこちに振り回されます。その度に要求現場付近の地図と捜査員の現場配置状況などを表示したりしていました。

昼近くなって一旦状況中止ということで休憩に入ることになりましたが、その時私の直属の上司である刑事指導官から突然電話が入り呼ばれました。

「さっき内示の連絡が入ったのだが、早めの異動でA署の刑事第二課長だそうだよ」

意外な言葉に驚きました。

たしかに私は1週間ほど前に警部昇任試験の合格通知を受けており、次期異動の時には課長になれるだろうと思っていましたが、警察の人事異動は普通なら春と秋の2回行われ、次の昇任異動は早くて秋（9月頃）の定期異動の時だと考えていました。警部試験合格の発表から数日しか経っていない状況で、しかも秋ではなく夏の異動というのはいくら何でも早過ぎます。

しかしいつも真面目な刑事指導官が嘘や冗談を言うことは考えられません。

そこで内情を尋ねると、次のような事情があるようでした。

「県西部H警察署の刑事課長が海外派遣勤務で警察庁に急遽出向と決まり、その後任にA警察署刑事第二課長が就くことになった。そこで空席になるA警察署刑事第二課長の後任に君が決まったんだ。警部補のまま急遽移動という応急的な人事異動だから君の警部への昇進は秋の定期異動の時に他の警部合格者と共に行われる予定だよ」

そのため私の刑事課長は「定期異動でなく急な異動」と「警部補階級のままで刑事課長」という特殊なケースからの始まりでした。

刑事課長として5年間勤務

警察署の規模によっても異なりますが、刑事部門の課長は、「刑事（統括）課長」「刑事第一課長」「刑事第二課長」に分かれます。

小規模の警察署では刑事課長が1人で刑事部門を束ねていますが、規模の大きな警察署（署長の階級が警視正のクラス）になりますと、「刑事官」や「刑事統括課長」などと呼ばれる刑事課長がいて、その下に刑事第一課長と刑事第二課長がいます。

刑事第一課には、殺人・強盗・強姦・傷害などを捜査する強行犯係、泥棒捜査の盗犯係、そして鑑識係が属しています。

刑事第二課には、詐欺・横領・汚職などの知能犯と（組織犯罪対策）暴力犯を担当する係があります。

ですから私が最初に就いた刑事第二課長は、知能犯捜査と暴力犯捜査を担当する課の課長ということになります。

私は、巡査（巡査長）の階級時に警察署で強行犯と盗犯捜査担当の刑事、巡査部長時に警察署や警察本部で知能犯担当主任・知能犯特捜主任や強行犯・盗犯担当主任、警部補時には盗犯担当係長、警察本部刑事部刑事総務課の捜査共助係長などの勤務を経験しています。泥棒で逮捕した暴力団組員から取調べによりけん銃を押収したこともあり、刑事第二課長への異動については同じ刑事部門のことなので、業務に関する動揺はありませんでした。

しかし、警部試験合格発表後間もなくの異動であり、しかも警部補階級での刑事第二課長なので捜査指揮ができるだろうかという一抹の不安はありました。

それでも連絡があった異動内示の翌々日には、A警察署に行き前任の刑事課長から事務引継ぎを受けて、1週間後には警察本部長からの「A警察署刑事第二課長を命ずる」という辞令をもらいA警察署に慌ただしく赴任しました。

そして異動前の話の通り、その年の秋の定期異動で警部に昇任してそのまま刑事第二課長を継続し、A警察署には約1年半の勤務でした。

その後は春の定期異動で警察本部刑事部機動捜査隊隊長補佐となって約3年間の勤務です。機動捜査隊の時の話は別の機会にしますが、次に異動したのが県東部にあるB警察署で、ここで刑事第一課長を約2年間務めました。

警部になると理由はいろいろあるのでしょうが、大体1～2年、長くても3年くらいで異動となります。B警察署の次は再度警察本部に戻り、刑事部捜査第三課課長補佐として約1年勤務しました。その捜査第三課補佐の時に警視の昇任試験に合格しました。

それでまた昇任異動ということになり、今度は県南の〝風俗の町〟として全国的にも知名度があり、県内でも取り扱いが多くて忙しいC警察署の刑事課長（刑事統括課長）を約1年勤務させていただきました。

それで刑事部門から離れましたので、刑事課長としての経験は合計約5年ということになります。

これを長いと見るか、短いと見るかは人それぞれでしょうが、私の警察人生が約34年6月でこのうちの刑事経験約26年から考えれば、私としては普通ではないかと思います。

刑事課長の1日

警察署や刑事課長の考え方も人それぞれに違いがありますが、私の場合、刑事第二課長、刑事第一課長、そして刑事課長の時も同じで、普段は午前8時少し前に警察署に出勤し当直員のところに立ち寄って当直日誌を見て昨晩からの特異な取扱い状況等について確認していました。

また、被害届受理簿で昨日からの被害届の受理内容についても確認します。これらによって概ね昨日から今朝までの扱いが把握できます。

午前8時15分になりますと署長室で「朝会」が始まります。

「朝会」というのは署長以下、副署長と刑事課、生活安全課、交通課、警備課など各部門の課長（幹部）が集まり、当直長から昨晩からの取り扱い報告を受けて、その処理状況などの検討とその日の警察署としての行事予定などを確認するものです。

その後は「毎朝教養」が始まります。

「毎朝教養」というのは人目につかない署の裏庭（雨天の場合は道場・会議室など）で、当日勤務する署員を対象とした体操から始まり、各課からの連絡事項などを伝達するいわゆる朝礼です。

何も話さない課長もいますが、何か話題を見つけて話すことで1人でも多くの署員に自分の部門に目を向けさせることが課長の役目の1つだと私は考えていました。ですから、事前に話題を考えておかなければなりません。土日以外の毎日、話題を考えるのも少し苦労があります。

この「毎朝教養」が終わると、今度は地域課に足を運びます。

地域課では、毎朝教養を終えた交番勤務員やパトカー勤務員などが地域課長や係長から指示を受けますので、そこに顔を出し、最近の事件の発生状況、自分の経験談や事件検挙方策等の話をして捜査に少しでも目を向けてもらうのです。

それに付け加えるならば大勢の地域課員の中から次の異動の時に刑事課員として引っ張れる者（刑事課員としての適任者）がいないか顔と名前を覚えたり、確認をするのもこの時です。

「毎朝教養」と「地域課員の指示」が終われば刑事課に戻り、係長から捜査予定などを確認して必要な指示を出します。

もっともこの時には優秀な係長が既に係員に具体的な指示を出していることが多く、相談がない限りは口を出すことはありません。事後報告の確認だけです。

その後は留置場に行き場内の巡視を行います。

留置場内の施設環境と、留置人の動静、顔色健康状態などを見ます。ただし、これは刑事課長としてではなく、捜査と留置管理の分離という観点から警察署幹部の1人として行うことになります。

留置場の巡視から戻ると、これから本来の仕事である刑事課長としての書類の決裁が始まります。

被害届、捜査報告書、注意報告書、警察本部からの通達文書、部外からの連絡文書などさまざまな書類が積まれています。確認や係員への注意、上司への報告が必要な文書もあってこれが大変な作業です。

そしてこの間にも事件関係者などの来訪があります。一時的には主任や係員が対応しますが、捜査員にも業務があるため、時と場合によっては係長を飛び越えて課長が対応する場合もあります。

刑事課長の性格にもよりますが、常に捜査員を自分の傍に置きたがる者、逆に取調べや課内の事務所に用のある者以外は外に出て捜査しろと言う者などいろいろいます。

私は比較的後者の方で、来署する相談者などは私が留守番をしながら引き受けるから捜査員は連絡だけは取れるようにして現場に出ろと指示していました。

ですから取調べと書類作成以外で課内に残っているのは課長と警察事務職員（警察官ではなく一般職員）、被疑者取調べの捜査員の数名くらいでした。

午後になると、検察庁へ送る送致書の一件書類や追送関係書類等の決裁もあがってきますので、これらの確認や補充の指示を行い、副署長や署長の決裁をもらうことになります。

そうこうしているうちに夕刻になり、時間を見て留置場巡視をもう一度行い、その日の業務は一応の終了です。

捜査員の人手不足や自分の手が空いていれば被疑者や参考人の取調べに顔を出し、事件現場に臨場したりもしますが、実際には変死、強盗、強姦、火災などの特異事件を除いては、テレビドラマのように現場に頻繁に顔を出すことは困難です。普通は署内での書類等とのにらめっこ業務と事件判断が主となります。

これが刑事課長の1日の勤務パターンですが、他に約8日に一度、夕方から翌朝までの当直長として署内全般の事件指揮をとる勤務もあります。

特に扱いがなく静かな当直の時には若い警察官を連れて夜間のパトロールや巡視に出て、交番勤務員などから情報収集もしていました。

また仕事を終えて自宅や宿舎に戻っても新聞記者などが訪ねてくることもあります。重要事件や特異事件の発生があれば昼夜関係なく電話があり、呼出しがかかることもあります。刑事課長の仕事はさまざまで1日として同じ日はありません。

第2章 強行犯の事件簿

傷害事件の診断書

警察署の刑事課にはいろいろな来訪者があり、電話もたくさん入ってきます。

ある日、次のような電話が刑事課に入りました。

「殴られて怪我をしたので傷害事件で訴えたいのだが」

「それでは病院で診断書を取ってから、それを持って署に来てください」

対応に出た捜査員がこのように説明していたことは傍で聞いていましたが、2〜3日後に電話の相手と思われる60歳代の男性が来署されました。それで持参された封筒に入った診断書を見せてもらい確認したのですが驚きました。

なんとその診断書には、

「糖尿病、高血圧症で当分の間、通院治療を要します」

と書かれているだけで殴られた怪我（傷害）に関する記述がないのです。

まさか殴られたことで糖尿病や高血圧が発症したわけではないでしょう。

それで本人に聞いてみますと次のような返答です。

「診断書と言われたので、健康診断を受けてきました」

本人の思い込みからの間違いということは分かりましたが、捜査員の説明不足を詫びてから、改めて捜査員に今後の捜査の流れや手順などを説明させました。

時間はかかりましたが事件概要の聴取と今後についての説明をすませて、事件に関する診断書を病院で取り直してもらうことでその日はお引き取りを願いました。

その後のことですが、捜査員が喧嘩の愚痴などを時間をかけて聞いたことで、すっかり満足されたのでしょうか、男性の来署や連絡などはありませんでした。

殺意あり

寝ていた息子を高齢の父親が刃物で刺して傷を負わせるという事件がありました。この被害者の息子というのがぐーたらの無職で、父親の年金を小遣いにしているばかりか、これまでにも何度も警察沙汰を起こしている中年男でした。

私も以前からこの息子について扱いをしていたので生活実態は大体分かっていました。

父親から今回のことで事情を聞くと、事件前日に父親の財布から大事な生活費を抜き取って競輪に行き、勝ったのか負けたのかは分かりませんが、その後酒を飲んで朝帰りしたということでした。そこで父親もとうとう我慢できず息子が寝ているところで本件犯行に及んだといいます。

それを聞いて私もロクでもない息子にいささか腹が立ち、真面目で昔気質の父親に尋ねました。

「負傷程度も軽いようだし息子さんを更生させるために脅かそうとしたのが、誤って刺さったのだよね？　殺すつもりはなかったよね？」

心情的には傷害事件方向に水を向けたのですが、父親はハッキリと断言しました。

「いいえ、脅かしではありません。生かしておいても世間に迷惑をかけるばかりなので息子を殺すつもりでした。その証拠に年寄りなので抵抗されると力負けしますので、息子が寝ていたところを狙いました。心臓をめがけて刺そうとしたのですが、年のせいでどうしても手が震えてしまい思うところに刺せず、首や肩の脇にずれてしまったのです」

そして犯行動機や手段についても理路整然に話をするのです。

それで殺意が完全にあると認めて、殺人未遂として逮捕し送致することになりました。

この父親は、留置場内でも規則を守り模範的な態度で過ごしており、留置管理の担当者も「逆に息子の方が留置場に入るべきでは」などと言っていました。

何か切ない事件でした。

検視について

検視は、病院以外で亡くなった場合や、自宅で亡くなりかかりつけの医師が死亡診断書の作成ができない場合などに医師立ち会いのもとに御遺体を見分して事件性の有無を確認する業務です。

検視する御遺体のほとんどは病死ですが、中には縊死《いし》（首吊りなど）、焼死、溺死、損壊されたものなどがあり、状態も新しいものから古いもの（腐敗したものや白骨化したものなど）までさまざまです。

さらに発見場所も屋外（庭先、道路上、公園、空地、河川、火災現場など）から屋内（居間、台所、風呂場、玄関など）までさまざまです。

検視する立場からいえば、検視できる場所があれば文句はありませんが、いつも適した場所があるとは限りません。

場所でいうなら浴槽内で亡くなっている場合は特に大変です。

酒に酔って入浴している時に亡くなった独身男性の検視をしたことがありましたが、発見されたのが遅かった上、浴槽に追い炊き機能が付いていたため人間スープ状態で引き出すのに大変な苦労をしました。

腐敗臭というのも独特なもので衣服に匂いが染み込むと、なかなか取れないものです。

この腐敗臭が充満している部屋で検視を行ったことがありますが、窓を開けても匂いが散らず、交番の新人警察官が気を利かせたつもりで匂い付きの消臭スプレーを散布しました。しかし、更に強烈で異様な匂いが混ざる結果となり、一層苦しめられることになりました。

私の経験からいえば、人の腐敗臭には線香を焚くのが一番シンプルに匂いを軽減させるような気がします。

御遺体の引き取り

警察署近くの借家で変死がありました。

亡くなった方は、65歳の独身男性です。

検視の結果、事件性のない病死と確認しましたが、御遺体の引き渡しで問題が出ました。

身内親戚関係者に遺体引き取りの連絡をしましたが生前に不義理でもしていたのか誰からもよい返事がなく、

「費用がかかる」「既に縁を切った者だ」「遠方で行けない」「疎遠の者です」などといろいろな理由を言われて引き取っていただくことができません。

そうこうしていたところ富山県に住む亡くなった男性の甥から連絡がありました。

「誰も遺体を引き取らないというのなら、私の方でお世話させてもらいます。小さい時に叔父さんに大変可愛がってもらった思い出もあり、こちらに墓もありますのでそこに埋葬してあげたいと思います。私の妻も了解しています」

その後すぐに御夫婦で警察署に来られました。

御夫婦の話ではこちらで荼毘や借家の整理などを行ない、それを終えてから遺骨を抱いて富山に帰られる予定とのことでしたので書類の手続きをして、葬儀屋さんへの連絡や住んでいた借家に案内したりしました。

それから4～5日経った時のことです。

朝、出勤すると御夫婦が刑事課に来られていました。

富山に帰る前に挨拶に来られたのだと思い会議室で応対したところ、深刻な顔で話すではないですか。

「実は、叔父の借家の整理をしていたところ、台所の米櫃の中に隠すように風呂敷に包まれたものがありました。何かと思い開いてみるとお金で、800万円ほどありました。叔父さんが貯めていたものでしょう。驚いてしまいました。このお金は、どうしたらいいでしょうか?」

私は、これまでの遺体引き取りの経過を話してから、これは独り言ですよと前置きをして次のように言いました。

「叔父さんの親戚に御遺体の引き取りで連絡をしたところ断られました。そして甥御さんが引き取られることになったと聞くと、遺品の整理などを含め甥のあなたにすべてを任せると言っておられました。今回の荼毘や家の整理などいろいろ費用もかかったと思います。このお金はこれに充当し残りはあなたが遺骨と一緒に持ち帰られたらいかがですか？　親戚に聞かれたら、余計なことは言わずに、任された通りすべて整理しましたとでも言っておけばいいでしょう。多分亡くなった叔父さんも、あなたがた夫婦に後のことを頼んだのだと思いますよ」

するると安心されて遺骨を抱いて帰られていきました。

そして富山のお墓に丁寧に埋葬されたのでしょう、後日刑事課に礼状も届きました。最初にこのお金が見つかり、身内の方々にこの話をしたらどうなっていたのかと今でも思います。

御遺体と献体

これも御遺体の措置についての話です。

借家の室内で、30代の姉妹のお姉さんの方が急に意識を失い倒れました。すぐに１１９番したのですが、救急車が到着した時には既に死亡状態です。

それで変死ということで通報連絡があり、検視で現場臨場をすることになりました。

御遺体には外傷もなく状況からも不審点がなく、警察医の検案でも心不全の病死であろうという事件性のないものでした。

妹さんも30代の病弱な方でしたが、生活状況を捜査員が聞いていたところ、言いにくそうにこう話されました。

「私たちは２人姉妹で、既に両親も亡くなり親戚もなく身寄りもありません。生活も一杯一杯で２人でパート勤めでの生活で、葬儀代も出せない状態です。これからどうしたらいいでしょうか？」

私も、このままでは妹さんが悲観して何かされるのではと心配になります。

そこでまず考えたのがお姉さんの御遺体についてです。

以前解剖で立ち会った時に大学法医の先生から聞いた話を思い出し、妹さんに説明してみました。妹さんは私の話を聞くとすぐに了解されて、大学に連絡すると手続きの方もトントン拍子に進みました。

それが、「献体」という方法です。

献体ですと御遺体は大学の方で引き取りにきてくれますし、最初から最後まで丁寧に処理していただけるので何の心配もありません。

次に妹さんの今後についてです。こちらは市役所の福祉課に連絡を取り生活保護の手続きをお願いしました。

幸い妹さんには働く意欲もあり、保護の助成で何とかなる目途もつきました。

そして何よりも妹さんが喜んだのは、毎年大学では献体の方の慰霊祭が行われており、その式には妹さんも呼んでもらえるとの説明でした。

DNA採取

強盗事件容疑者の情報があり、容疑対象者の喫っているタバコの吸殻からＤＮＡを採取しようと捜査員に下命したことがありました。

何日かして捜査員が、困惑した顔をしていましたので尋ねたところ、容疑者の家に行き雑談しながらタバコを勧めたらしいのですが、男の傍には内縁の女がいて、受け取ったタバコを男が喫うと、そのまま女にも同じタバコを喫わせて回しのみしたとのことでした。

２人で１本のタバコを喫ってしまっては、ＤＮＡの鑑定資料にはなりません。

何やかんや時間をかけて３本も勧めたらしいのですが、いずれも同じように回して喫ってしまい、女にもタバコを別に与えたのですが、そのタバコも仲が良いのか男と回して喫ってしまってどうにもならないとの報告でした。

それで採取方法について改めて捜査員と検討したのですが、事件の容疑性が薄いことともあり、本人に直接話をして任意でのＤＮＡ資料採取に協力してもらうことにしました。

その後警察署に呼んでＤＮＡ採取の話をすると対象者は協力的で、スムーズに正規の方法で採取することができました。

絵図を描いて下手に工作するよりも、正攻法で行った方がいい場合もあるということです。

壊すと高いどんぶり

酔っ払いの男が有名牛丼チェーン店で大暴れした器物損壊事件の時の話です。

被疑者が壊したのは、「どんぶり」３個と出入口ガラス戸２枚なのですが、被害届に書かれていたバカ高い損害費用（被害金額）を見て驚きました。

確認のために、捜査員が店長から聞いた話によると次の通りでした。

「どんぶりは、店特有のデザインと店名が入っている有田焼の特注品です。店のガラスについても店特有の牛の模様が横に入った特注品です。どちらも修理や補充は本社に連絡して発注取寄せとなります。だから高いのです」

逮捕勾留されている被疑者は器物損壊の告訴を取り下げてもらうため、弁護士に依頼し損害費用の弁済と慰謝料、それに弁護士費用などの高い支払いをして何とか示談したようでした。私も時折このチェーン店を利用することがあるのですが、店に入るといつもこのことを思い出してしまいます。

捜査にも順番がある

暴走族の少年たちがパトカーを損壊して業務を妨害した公務執行妨害事件の捜査をした時の話です。

被疑者の少年たちの人数が多いため、取調官や留置施設が間に合わず一度に被疑者を逮捕して取調べをすることができませんでした。手間と時間はかかりますが、被疑少年を順番に逮捕して取調べていく捜査方針をとることになりました。

事件に心当たりのある少年たちは、仲間が逮捕されたと聞いて、いつ自分のところに迎えがきて逮捕されるのか戦々恐々としていたのでしょう。

捜査の様子が知りたいらしく先輩に頼みこんで逮捕されている仲間に面会をしようと試みましたが、勾留された被疑少年には接見禁止がついていて追い返されてしまいました。友人を使って保護者を装い、署に電話をかけて捜査の様子を聞こうとする者もいました。

中には大阪方面に逃走したが結局何もできずに1週間ほどで戻ってきた者もいるという情報もありました。

そして遂には我慢ができず洗面道具と着替えの下着などを紙袋に入れて来署した少年がいます。

「出てきました。逮捕してください」

「お前の番は未定だ。順番を待っていろ。割り込みは駄目だ！」

捜査員にこう言われて頭を下げてスゴスゴと帰っていきました。

結局、この洗面道具持参の少年については、捜査の都合もあり狙ったわけではありませんが、彼の誕生日に逮捕となってしまいました。

すぐに担当検事から私宛に電話がありました。

「少年の誕生日に逮捕したのは何らかの意図からですか？」

「いいえ、偶然です。捜査員たちも逮捕して気が付いたようです」

そう答えておきました。

接見禁止の困惑

救急隊員に仕事仲間と因縁をつけて怪我をさせた事件で男を公務執行妨害等で逮捕した時のことです。

勾留中の被疑者の妻が、深刻な顔をして刑事課にやって来ました。

「課長に折り入って相談したいことがあります」

何事かと思い別の部屋に案内し、取調べ担当の捜査員と2人で話を聞きました。

「私は現在、妊娠3ヵ月です。夫は接見禁止になっていて面会ができないので直接話ができないのですが、夫は前にも捕まったことがあり、このまま懲役に行くのでしょうか？　夫が刑務所に行くなら大きなお腹での生活はしていけません。赤ちゃんは堕ろすべきでしょうか？　どうしたらいいか夫に聞いてもらえないでしょうか？」

夫が逮捕されてから、ずっと悩んでいた様子です。

被疑者の今後の処分について概ねの推察はできますが、それを話すわけにもいかず、さりとて被疑者と妻との間の伝書鳩になるわけにもいきません。

「両親か弁護士に相談したらいかがですか？」

と聞くと、

「両親には相談ができない事情があります。弁護士を頼むにはお金がありません」

という答えです。

結局、検事に連絡して後日検察庁に相談に行くことになりましたが、このことを知らないのは留置場に入っている夫だけでした。

後に、この被疑者は公判で執行猶予が付いて、赤ちゃんも無事出産したと聞きました。本当にお腹の子の命を懸ける事件でした。

マンションの立てこもり

今から考えても恥ずかしい思いをしたことがあります。

逮捕状の出ている強盗被疑者が1人で包丁を持って、妹夫婦のマンション2階居室に立てこもりをした事案です。

追跡捜査によりこの被疑者が、長期旅行に出かけていて不在中の妹夫婦のマンションに留守番がてらにいるらしいことが浮上しました。その後、張込みをしたところ部屋の中にいる男が双眼鏡で見えたのです。

そこで改めて体制を作り捜査員5名で確認逮捕に赴かせました。玄関インターホンを押すと最初は返事があったのですが、被疑者がモニターで捜査員の姿を見たのか応対に出てきません。被疑者に間違いないと確認はできているが、部屋に立てこもってしまっているとの報告が入りました。

署長にこれまでの経過を報告し、署にいた捜査員を集め、私も応援に向かいました。

現場に行く際、「これは立てこもりで長期戦になる、その準備も必要だ」と考え、普通の個人装備品の他に突入用の装備品も準備させました。

現場に到着して窓の隙間から室内を覗くと、男は傘の先にガムテープで包丁をグルグル巻きにした槍のようなものを持っており、近くにも刃物を置いています。男を落ち着かせるために静かに声をかけましたが、怒鳴り声で叫び返します。その様子から薬物を使用しているようにも見えました。室内には被疑者が1人だけで人質もいないことから捜査員には次のように指示しました。

「時間をかけて、焦らずに勝負するぞ」

署長にもその旨を報告連絡しました。

この時点で午前10時頃だったと記憶しています。

捜査員2名に玄関ドア付近から説得を続けさせ、他の捜査員たちを現場から少し離れた場所に集めました。そして規制排除係、記録係、本署との連絡係、特命係などの任務分担を指定します。

規制排除係というのは、騒ぎを聞きつけて遠くから見ているのなら邪魔にはなりませんが義侠心とか大きなお世話で自分が説得すると言い出す者や、近づいて写真を撮りたがる者などが現場に近付かないようにする任務です。

記録係は、逮捕するまでの捜査状況や経過などを正確に時系列で記録する任務。

連絡係は、警察本部、警察署の関係者から思いつきのように入る照会や助言を一括して受ける任務です。過去の経験からそれら1つ1つに応対していると指揮に悪影響があるのと携帯の電池がすぐに消耗してしまうために設けました。

特命係、これはいわゆる、最初の突入要員です。この突入要員のメンバー選定には悩みました。

部屋の間取り（3LDK）から考えてベランダ側から4名での突入と考え、1名は私、残りの3名は若くて勢いのある独身者や、私が以前所属していた機動捜査隊で共に勤務した者を指定しました。

独身者ならば妻子がいないので家族のことを少しは気にせずにすみますし、元機動捜査隊員ならば他の捜査員よりは修羅場を多く踏んでいる上、意思疎通も図れると考えたからです。

突入から外れた捜査員の中には口には出しませんが「なぜ、俺では駄目なのか」と不満顔の者もいました。しかし、私は次のように強く宣言しておきました。

「功労は全員同じだ。バックアップ（後援）があって特命の遂行ができる。成否は、このバックアップの良し悪しで決まる。何度も言うが功労は全員同じ！」

そして方法としては、玄関側のガラス窓の音を立てて男の注意を玄関側に引き付けている間に、反対のベランダ側のガラスを割り突入して制圧するというものです。口で言うのは簡単ですが、刃物を持った男が相手ですから、その行動は容易ではありません。そのため突入前に同じマンションの少し離れた部屋を借りて、間取りの熟知と突入の訓練を行うことにしました。

2階のベランダにハシゴをかけて音がしないように登る練習、ガラス戸を開ける練習などを行い、部屋の作り、間取りなども頭の中に叩き込みます。

男の説得に並行して納得がいくまで何回も行いました。

時間が経過して、正午を過ぎても男は言うことを聞きません。

それで、とうとう午後3時近くになりました。

この時間になると小学生の下校と重なり、巻き添え混乱の恐れもあることから突入の最終決断をすることにしました。

署長に状況説明をして突入したい旨の報告を行うと、署長から許可が下りました。

「決行時期タイミングなどの判断は現場の刑事課長に一任する」

いざ、着手です。

特命（突入）係員には、直前にこう話しました。

「1人で捕まえようと思うな！　相手を倒して乗りかかり身動きさせなければ大丈夫だ！　相手は刃物を持っているが、刺させなければいいから！」

私が先頭になって2階のベランダまで登り、他の者たちも気付かれることなく登ることに成功しました。

そして玄関側の捜査員に携帯のメールを使い「GO！」連絡です。これで玄関側では被疑者の気を引き付けるようにドアなどを叩き、いかにも玄関から突入する素振りを見せます。

男は玄関側に大声を上げながら向かいました。

このチャンスに当方は、ベランダのガラスを叩き割り、開いたところから部屋の中に飛び込みます。

居間に飛び込んで右に向かえば玄関方向で男と対峙できて飛び掛かれるはずです。

そう、ここまでは計画通りでよかったのです。

しかし、玄関の方に向かおうとしたところ想定していない場所に壁があるのです。突然のことで一瞬驚いてたじろぎましたが、すぐに分かりました。突入した部屋というのは、練習で使った部屋とは左右対称の作りで、右と左が逆の間取りだったのです。

それでもすぐに反応し左に向かい、玄関方向から戻ってきた男をタックルで押し倒しました。

押し倒して抱き付くと同時に他の捜査員も私の上に覆い被さってきます。これで被疑者の動きを止め、他の者が刃物を取り上げます。玄関のドアを開けて外の捜査員を招き入れて、手錠をかけて男を逮捕しました。

そして連絡係に指示して署にいる者に分かるように無線で報告を入れさせました。

「確保。被疑者、捜査員とも負傷なし。詳細は有線で報告！」

その後は、私と連絡係と記録係だけを残して他の捜査員は被疑者を連れて引き上げさせました。これは騒ぎや人目を避けるためです。

こうして被疑者を取り押さえることができましたが、今でもマンション関係の事件と聞くと部屋の間取りについて注意しなければならないという記憶が蘇ります。

第3章

盗犯の事件簿

いくらでしょうか？

新興住宅地の泥棒被害現場に捜査員と臨場した時のことです。

被害者は年金暮らしの一人住まいの御婦人でした。慎ましく生活をしていた家に侵入しての犯行であり、捜査員も「徹底的に捜査してホシを挙げる」と鼻息を荒くしています。私を含め鑑識たちと犯人に結び付く手掛かりがないか一生懸命に捜しています。

すると、被害者の奥様から捜査員たちに、

「普通の捜査にしてください」

と声がかかりました。普通の捜査というのはどういうことだろうと疑問に思いながら捜査を続けます。すると指紋採取や写真撮影に懸命になっている鑑識にもこんな声がかけられました。

「そこは、やらなくていいです。写真もあまり撮らなくていいです」

決して邪魔をするわけではないのですが、おかしなことを言うものだと思っていました。

その理由が、帰りがけになって分かりました。

奥様が私におずおずと尋ねるのです。

「いくらでしょうか？」

どうやら、捜査活動に料金が発生すると思っていたらしいのです。お金はかかりませんと説明したところ態度が一変しました。

「それでは、あそこもここも指紋を採ってくださいい。写真もたくさん撮っておいてください」

いろいろな指示や注文が出てきました。

なぜ、たくさんの婚約指輪が

手が空いていたので新任の捜査員を連れて隣接署管内の質店を挨拶がてらに回り、盗品捜査をした時の話です。

取引台帳などを確認していたのですが、複数の質店に出入りして指輪やネックレスなどの貴金属を入質や売却している男がいるのが気になりました。

入質されている指輪などを1つずつ見せてもらい、特徴を確認したところ、指輪の大半がダイヤ石で立て爪の婚約指輪ばかりです。しかも大きなものから小さなものまでさまざまなサイズがありました。

いくら何でも1人の人間が、手の指、足の指全部に婚約指輪をするはずはありません。

署に戻り、取引をしている男について照会をしたところ、窃盗（空巣狙い）の前歴が数件あることが分かりました。

そこで新人捜査員を指導指揮しながら、取引されている物件について警察本部捜査第三課に特徴を照会、隣接警察署にも被害届などを確認調査したところ、1つの指輪がI警察署の管内で発生した窃盗の被害品と似ていることが分かりました。

早速被害者宅に行き、質店から借りた指輪を見せたところすぐに被害確認が取れました。

さらに被害者からこの指輪は知人の店に頼んだ特注品であると聞かされ、その製作販売店にも照会したところ、被害品であると完全に確認することができました。これで男が空巣狙いで貴金属を盗み質店に換金処分したであろうことが推認できます。

しかし、ここからが問題でした。

入質した男はO警察署管内に居住していて、被害盗難の場所はI警察署管内です。更に被害品を発見した質店は隣接のK警察署管内です。

いずれも私の勤務する警察署とは関連がなく、本来ならば捜査の管轄権がありません。

しかしせっかく入質された被害品を見つけて犯人も分かるのに、関係署に情報として引継いでしまうのは勿体ない話ですし、刑事課長としても面白くありません。

そこで考えました。

発見した被害品の事件は自分の署の管内でも発生している窃盗事件の手口によく似ている。同じ被疑者による関連性がある事件だとして裁判所に逮捕状の請求をしたのです。

逮捕状が発付されて被疑者を迎えにいかせると、被疑者は心当たりのない警察署からの捜査員が突然来たことに驚き、次のように言い出しました。

「自分は狙われて（的割捜査され）いたに違いない。多分ずっと行動を確認されていて捕まったんだ。刑事の尾行や張込みに少しも気が付かなかったが、そういえば競輪場で刑事らしい男がいた。今回ばかりは運が悪かった。しょうがない」

そして自分の行動を見られていたと納得したためか、諦めも早く、数十件の余罪についても供述しました。

もちろん、最後のまとめの報告書には、捜査の結果、当署の窃盗事件には関連が結びつかなかったと書いておきました。

この事件捜査のおかげで私の署は、統計上は事件の発生がないのに数十件の窃盗

（空巣狙い）事件の検挙ということになり検挙率がググっと向上したことは言うまでもありません。

被害品の時価　その1

刑事課に戻ると知人の子どもが、母親に連れられてきていました。

「市民プールに遊びにいったのですが、更衣室で腕時計を盗まれてしまいました」

ちょうど事務室にいた交番勤務の警察官に被害届を作成させたのですが、話を脇で聞いていると被害品である腕時計について次のように尋ねていました。

「時価を書かなければなりませんがいくらにしておきますか？　何年か使っていた物で古いようなので1000円とでも書いておきますか？」

私は次のようにアドバイスをしました。

「時計が戻ってこない場合、同じくらいの時計を買わなければならないのだから、同程度の腕時計の購入値段をとりあえず書いておけば？」

被害額は、時価8000円との記載となりました。

後日ですが知人から犯人が捕まったとの連絡がありました。被疑者の弁護士からは腕時計はすでに処分されてしまっていたので、その弁償で8000円を支払いますと言われたとのことでした。

「あの時に時価1万円と書けば1万円の弁償になったかも」

と子どもは残念がっていたようですが、犯人が捕まって喜んでいるとのことでした。

あの時、時価1000円としていたら弁償は1000円だけの支払いだったのでしょうか。時価について考えさせられる事件でした。

被害品の時価　その2

　ある日、東北地方の検察庁の検事さんから私のデスクに電話が入りました。

　家出中の成人男性が畑にできていたトマト数個を盗んだのを窃盗（野荒らし）被疑者として任意検挙した事件についての問い合わせでした。

　この事件で検挙した男性について照会したところ、家族から家出人捜索願いが出されていたので、連絡して取調べ後に家族に迎えに来てもらい身柄を引き受けさせて任意送致したとのことです。

　被疑者が実家に戻ったことで、送致した検察庁から被疑者の居住する管轄検察庁宛てに一件の書類が移牒（移送）されたようです。

　書類を受け取った検事さんから捜査の経過や状況についての確認があり、余談で尋ねられました。

「書類を見ましたが、被害届に記載されているトマトの被害時価が少し高いのでは？」

「時価については、被害者農家の人に聞いて記載したものです。そちらの方は、トマトは安いですか？」

そう答えたところ値段までは教えてくれませんでしたが、

「やはり、都会の方は物価が高いですね」

「そちらは安くて新鮮でいいですね」

などと笑いながらのやり取りがあり、話は終わりました。

場所によっても時価が変わるものだということが感じられました。

窃盗未遂？

会社からの帰宅途中の電車内で寝過ごしてしまい、乗り過ごした駅付近の駐輪場から自転車を盗み、自宅に向かって走っていた会社員が職務質問により窃盗（自転車盗）で検挙された事件の時のことです。

取調室で捜査員から「窃盗で取調べるから」と言われると、この会社員は大学の法学部を卒業したと取調べ前の雑談で話をしていましたが、胸を張ってこんなことを言います。

「おかしいですよ。既遂ではなく窃盗未遂では？　だって自転車に乗ってまだ自宅には着いていませんよ。間違いじゃないですか？　これは未遂ですよ」

駅前から自転車を盗み乗り出した時点で窃盗の既遂なのですが、本人にしてみれば目的地である自宅に着く途中で捕まったのだから、絶対に窃盗未遂だと言い張ります。

取調べ捜査員の説明では納得せず、捜査係長や私まで説明に当たりました。

この人の主張だと、

「人の財布から金を盗んでも、その金を完全に使いきるまでは未遂」

ということになるのでしょうか。

たしかに既遂と未遂では処罰に違いはありますが、取調べの前に窃盗の既遂と未遂の違いについて説明をするだけで、かなりの時間を要した事件でした。

まさかの被害者宅

窃盗常習者の余罪「引き当たり捜査」でC県N市に行った捜査員からの話です。

引き当たり捜査というのは、被疑者の案内で犯行現場などを確認する捜査です。

この常習者は数十件の余罪を供述していましたので、その余罪現場を順次案内していたのですが途中で突然過去の犯行を思い出したらしく、一戸建ての家を指差しました。

「この家にもガラスを割って泥棒に入った記憶がある。間違いない」

そしてその時の状況や家の中の様子について事細かに説明をしたそうです。

その家に確認に行きましたが家主は不在で、ガラスを割って侵入したという窓も修復されていて事実が確認できません。

それで、署に戻ってから家主に連絡したところ被害の認識があり、警察に被害届は出していませんでしたが、常習者の話した通りの状況でした。

担当捜査員は、常習者の記憶力のよさに感心していましたが、何よりも驚いたのは、被害者宅が警視庁刑事部捜査第三課（窃盗犯担当課）捜査員の自宅だったことです。被害事実があるのになぜ被害届を出していなかったのかを尋ねたところ、

「泥棒捜査の刑事の家が泥棒に入られたのでは笑い話になるから」

と突き放した返事だったようでした。

しかしその盗犯刑事は今後の捜査に役に立てるつもりなのでしょうか、侵入した常習者の人定や素性などについては熱心に聞いてきたようでした。

完全黙秘の被疑者

捜査員の手が足りず、私の方は比較的手が空いていたので本件だけの調べという条件付きで、住居侵入容疑の完全黙秘（通称：カンモク）被疑者を受け持ったことがありました。

受け持ったとはいうものの通常の課長業務の空いた時間でのカンモク被疑者の取調べであり、いかに調べようか悩みましたが結局は正攻法しかないと決めました。

取調室に入って来た被疑者に話しかけます。

「おはよう」

（被疑者：何も答えず）

「黙秘は構わないが、挨拶くらいはしようよ！」

（被疑者：頭を下げる）

その日は、何を聞いても答えず黙ったまま。

そして翌日（2日目）、

「おはよう」

（被疑者：「おはようございます」）

以後は何も答えず、尋ねることに頷くだけ。

翌々日（3日目）、

「おはよう」

（被疑者：「おはようございます」）

「ずっと黙っているのも大変でしょう？　事件以外については話をしたら？」

更に翌日（4日目）、朝の挨拶と日常会話に応じ始める。

そして次の日(5日目)からは事件についてもポツリポツリと話をするようになり、勾留満期の数日前頃には窃盗事件の余罪についても話をするようになりました。

そして本件が起訴となり、調べの都合のよいところで盗犯担当の捜査員に引き継ぎました。

後日談ですが、当初看守から「刑事課長が直々に調べるそうだ」と言われたらしく、それが相当のプレッシャーになっていたようで、捜査員からこんな報告がありました。

「刑事課長から外れてホッとしたと言っていましたよ」

私だって同じだよと答えておきました。

下着盗を起訴せよ

下着泥棒（色情）被疑者を調べている捜査員が悔しそうな顔をしていたので尋ねたところ、次のような返事がありました。

「被疑者が接見の時に弁護士から、本件だけなら初犯なので起訴猶予になると言われたらしく余罪がありそうなのに供述しようとしません。本件が起訴されれば余罪も供述すると思うのですが」

どうすれば検事に本件を起訴してもらえるか検討しようということになりました。

１つの案として、私が以前検察官の講習で学んだことを話しました。

それは、起訴猶予にするためにはそれなりの裁定材料（理由）が必要であるということです。

たとえば次のような要素が判断材料になります。

・被害額が少額である
・犯情が軽微である
・素行不良者でない者の偶発的犯行である
・盗品等の返還または被害回復がなされている
・再犯の恐れがない
・被害者が処罰を望んでいない

これをつぶすことを考えればいいのではないかと考えました。

被害額については動かせませんが、犯情が軽微でないことと偶発的犯行でないことについては、被疑者から犯行の手段方法について詳しく供述を取ることで明らかにします。

盗品の返還については、被害者が盗まれた下着を返されても気持ちが悪くて、これを返してもらっても再度使う気にはならないと言っていましたので、被害者から所有権放棄の書類をもらい、被害下着を証拠品として検察庁に送致します。こうすれば被害の回復はされていないことになります。

そして被害者が厳重な処罰を望んでいることを調書に記しました。更に被疑者の自宅と関係先を捜索して性犯に関係すると認められる物件を差し押さえました。

これで被疑者は、被害品が還付されておらず、偶発的犯行でなく、再犯の恐れもあり、被害者も処罰を望んでいるということとなり、勾留期限内に本件は起訴となりました。

起訴後には押収した下着等から余罪についての供述があり、これも追起訴となりました。うまくいった話です。

泥棒授業

逮捕勾留されていた空巣狙いの常習者と雑談をした時のことです。

この泥棒、いつもはガラスを割って侵入するのに、今回は器具を使うピッキングという方法で錠開けをしていたので、そのことが気になりました。

「今回はいつものガラス破りでなくピッキングだが、侵入のやり方を変えたのか？」

「そうなんですよ。今度は手口を変えてみようと考えてムショ（刑務所）の仲間でピッキングをやるやつに高い金を払い用具まで買わされて教えを受けたんです。でも捕まっちゃあ駄目ですね。ピッキングは慣れないうえに面倒臭い。やはり慣れた手口の方が楽でいいです」

泥棒も技術の習得に道具を買わされ、授業料を払っているとは知りませんでした。

それにしても泥棒を止めるつもりは毛頭ない口振りでした。

情状意見

身内の供述調書というものは情状の参考意見として普通は刑を軽くするためのものが多いのですが特異なことがありました。

盗んだ品物を弟の身分証明を使って入質していた兄の事件を捜査した時のことです。

被疑者である兄を逮捕した後、その裏付けで弟から話を聞いて参考人供述調書を作成しましたが、弟がこんなことを言っていました。

「両親が亡くなり私は、昼は道路工事の警備をして夜間は自分のお金で定時制高校に通学しています。学校を卒業後には警察官になりたいと思っていました。そして、参考書も買って警察官受験の勉強もしていました。しかし、今回兄が起こした事件で、兄が窃盗の前歴者となるので警察官になることを諦めなければならなくなりました」

親族に前科者がいると警察官の採用試験で不利になることが考えられます。この話を参考人調書の末尾に書きとめておきました。

その内容が裁判官の心証に大きく影響したようで、判決は大変厳しいものとなりました。公判に立ち会った刑事からこのような連絡を受けました。

「裁判官の判決言い渡しの中にも、自分の犯したことが弟の将来にも影響云々との言葉がありましたよ」

子どものことより

何台も原付バイクを盗んでは遊び回り、燃料がなくなればそのバイクを付近の川の中に投げ捨てていた少年を窃盗で逮捕したことがありました。

逮捕後すぐに家族に連絡をしたのですが保護者は姿を見せず、何回か連絡をしましたが、２週間ほど経ってからようやく少年の母親が来署しました。

しかし少年の状況や所在を聞くわけでもなく母親は開口一番こう言いました。

「盗んだバイクの弁償はしなければならないの？」

「お子さんは既に鑑別所に移監されました。弁償や本人の今後の処遇については家裁の調査官に聞いてください」

少年が盗んだバイクは合計７台で相当な被害額になるかもしれないと話すと、息子のことより被害弁償のことで頭が一杯になったのか母親は顔を青くしていました。

泥棒の道標

これは逮捕勾留中だった、ある忍び込み（深夜、家人が寝ている住宅に侵入する泥棒）窃盗常習者から聞いた話です。

この被疑者は自動車を使ってよその県に行き、夜間見知らぬ土地で入りやすい家を探して泥棒を敢行するのです。

しかし、知らない場所で暗い中をあちこち動き回っているのに、犯行後は道に迷わずに自分の自動車のところまでよく戻れるものだと不思議に思ったので、取調べの合間の雑談中に尋ねてみました。

「簡単ですよ。なるべく高圧線鉄塔の近くに車を停めておくんです。道に迷ったら上空を見上げて高圧線を探し、その線を辿っていけば停めた場所の鉄塔に辿り着き、すぐに見つけることができますよ」

なるほど、泥棒もいろいろ考え工夫をしているものだと勉強になりました。

規則正しい生活

捜査員が窃盗常習者の行動確認をしていた時の話です。

捜査員によると対象者は、毎朝午前8時に自宅アパート近くの公園で準備体操をした後に、約5キロのマラソンをして家に戻り、午前10時にスーツに着替えてからどこかに出勤（?）するのだそうです。

そして毎日夕方5〜6時にはアパートに帰宅するという生活を繰り返しているとの報告です。後日、この常習者を逮捕してから雑談の中で毎日の生活状況について聞いてみました。

「規則正しい生活をしなければ人間駄目になります。不規則は禁物です。食事に気を使い、適度な運動と睡眠、これが健康に一番です。刑事課長もやってみたらどうですか?　これだと刑務所に入っても十分にやっていけます」

最後の一言が余計でしたが、規則正しい生活は見習うべきだと思いました。

泥棒との我慢比べ

別荘荒らしから聞いた話です。

室内を物色中、別荘に来た家人に見つかり慌てて逃げ出して、近くの湖に服のまま飛び込んで係留されているボートの影に身を隠したそうです。季節は秋口で水も冷たかったようです。

通報で近くの住人や警察官などが多数出てきて別荘周辺を探していたようなのですが、被疑者は水の中から頭だけを出して、その様子を見ながらじっとしていました。

それから時間が経ち、探していた人たちも諦めたのか姿が見えなくなり声も聞こえなくなりました。被疑者はもう誰もいないだろうと思いましたが、用心して更に1時間ほど我慢して湖から上がったそうです。

しかし木陰から突然警察官が現れてあっさりと捕まってしまったそうです。

「俺も我慢強い方だが、あの警察官の我慢強さには負けました。アイツは将来いい刑事になると思いますよ」

笑いながらしみじみ話をしていました。

起訴猶予と罰金刑

窃盗に罰金刑ができた平成18年より前の出来事です。

駅前に駐輪している自転車を盗んで入質換金処分した2人の男を逮捕したことがありました。

捜査の結果、1人の方の自転車は駅前に所有者が駐輪していたもので窃盗被害、もう1人の方の自転車は他で盗まれて駅前に乗り捨てられていたものだったので窃盗ではなく占有離脱物横領被害ということになりました。

つまり同じ駅前にあった自転車を同じように入質換金処分したのに1人は窃盗被疑者、もう1人は占有離脱物横領被疑者になったのです。

被疑者の処分結果については窃盗被疑者の方は起訴猶予、占有離脱物横領被疑者の方は略式罰金刑となりました。

両被疑者とも釈放されたことで喜んでいましたが、私は何か釈然としませんでした。なぜなら同じ行為なのに起訴猶予なら前歴ですが、罰金刑は前科となるからです。

前歴だと警察の捜査資料だけの記録ですが、前科だと検察庁で前科者として登録され、市町村役場に犯罪人名簿として記録されたりしますので大きな違いがあります。しかし、現在では、両方とも罰金刑があるので起訴されて有罪処分が決まれば前科になることでしょう。

張込みは大変　その1

容疑者の身辺を把握するために、容疑者宅を見張るように捜査員に指示した時のことです。

後から思えば、張込みの要領まで具体的に指示すればよかったのですが、言わなくても分かるだろうと思ったのが間違いでした。

捜査員の報告によると、その対象者は団地の6階に住んでいたので、建物棟全体と対象者宅の玄関出入口ドア付近がよく見える少し離れた高台の場所を見つけ、捜査用車両内から双眼鏡を使って2人の捜査員が交替で見張っていたそうです。

当然、対象者宅に不審な動きがあれば2人一緒に見ることになります。

それで入口付近に動きがあったので夢中になって対象者宅方向を双眼鏡で見ていた時のことでした。

突然、トランク付近をノックする音が聞こえて振り返ると制服警察官が立っていました。

「先輩、駄目ですよ。先程、不審な2人がいると110番が入りましたよ」

見ているつもりが近所の人から逆に見られていたとは気付きませんでしたとの報告を受けました。次からは失敗しないと思いますが張込みは案外難しいものです。

張込みは大変　その2

ある忍び込み常習者の行動確認をするために、4名の捜査員を交替で張込みさせたことがありました。

夜間に対象者が自宅から出ていき帰宅するのを確認するだけの基本的な作業なので、捜査員1人ずつを毎日交代で張り付かせていました。

しかし、ある時期から突然対象者が一歩も外に出ず姿を見せなくなったのです。報告を受ける私を含め交替の捜査員たちはお互い口にはしませんが、

「自分の時には異常がなかったが、他の捜査員の時に何かあったのでは？」

「下手をして相手に見つかったのに報告していないのでは？」

などと余計なことを考え、お互い疑心暗鬼になりました。

その後、しばらくして再び不審な行動が始まり、徹底した確認と捜査でこの対象者は逮捕となりました。

検挙後の取調べも順調に進んだ頃です。

気になっていた夜間に外に出なかった理由をそれとなく聞いたところ、

「あの頃は、風邪を引いて体調を崩してしまい１週間ぐらいボーっと寝込んでいました」

との簡単な返事でした。

その理由を聞いて、捜査員全員が口には出しませんがホッとしたことがありました。

尾行も大変

ある窃盗常習者の行動等を確認するため、捜査員に尾行をさせた時のことです。この日の対象者は、最初から尾行の点検が大変厳しく後方を頻繁に振り返り、更には突然立ち止まったりする行動を取るという経過報告がありました。

嫌な予感がしましたが、それでも付かず離れずの状態を保って捜査員は連絡をくれていました。

その後相手は駅構内に向かい、ホームに入って来た電車に乗り込むとドア付近の座席に座りました。

捜査員も1両離れた車両に乗り込み、対象者がガラス越しに見える位置に座ったそうです。電車内には他の乗客がどんどん乗ってきます。

間もなくして発車ベルが鳴り、ドアが閉まる直前です、この男は突然座席から立ち上がりするりと降車したそうです。

捜査員は、車内にいたまま一歩も動けずホームに残る対象者を見送ることになったと報告してきました。

「お客が少ない車両ならまだしも、こちらは次の行動ができるように出口付近に立つべきだった」

捜査員に注意指導しましたが、考えてみると私でも相手が座席についたことで油断したかもしれません。まさにドラマ通りの場面の報告でしたが、尾行には気付かれなかったのが幸いでした。

捜査員の判断力

ちょうど女性記者が挨拶にきて対応していた時の話です。

捜査員が私に小声で報告しました。

「課長、通学途中の女の子が後ろからきたバイクの男に腕を掴まれたとの通報のようです。ひったくりでしょうか？　今、無線で言っています」

耳がダンボの記者は、これを聞いて記事になると思ったのか私から離れて現場に行こうと急に立ち上がります。

私は、記者を引き留めました。

「既に捜査員が現場に向かっています。無線で状況を聞いてからでも遅くないと思いますよ」

そして無線機のボリュームを上げました。

しばらくして現場に到着した捜査員から状況報告の無線が入ります。

「被害者は、女子中学生。道路右側を歩いて通学途中、後方から来たバイク男の右手で左腕を掴まれて引っ張られたとのこと。中学生に負傷などなく、所持品の盗難もありません。……云々」

盗犯係長は落ち着いた声で状況を分かりやすく説明します。

記者は、ここまで聞いて「ひったくりの未遂」とでも思ったのでしょうか、もう我慢できずに、すぐにでも現場に行こうとするので押しとどめます。

「被害者は、これから署に来ますから、それを待ってからでも遅くないでしょう。それにこれは少しオカシイと思いませんか？」

怪訝な顔をする記者に説明しました。

「捜査員からの被害状況報告を聞いたでしょう。バイクのアクセルは右側についています。右手で女性の左腕を掴んだのなら、アクセルから手が離れてスピードが落ちますよ。腕を掴むというのはチョッとおかしいと思いませんか？　多分、現場に臨場した捜査員もそのことが言いたくて詳しく状況を報告したのだと思います」

その後、警察署に来た女子中学生から詳しく事情を聞いたところ、いろいろな矛盾が出てきて、学校に遅刻しそうなので男の人に襲われたことにすれば言い訳できると考えてウソをついたということでした。

女性記者は捜査員の冷静な判断に驚き、また事件記事の消滅に何とも言えない顔をしていましたので、

「捜査員は、被害者から詳しく話を聞いて被疑者になった気持ちで考え行動して事件を捜査するものですよ。このことを記事にしたらいかがですか?」

と話しておきました。

逃げられた話　その１

逃げられた話というのは誰でも恥ずかしいものです。しかし、成功談よりもよほど今後の業務の参考になるものです。

質店から手配依頼していた被疑者が来ているとの１１０番通報が入りました。

質店の店主は通報に併せて次のように言っていました。

「くれぐれも相手に店から１１０番したことが分からないようにしてください」

通信指令課からもその旨の指示があったのですが、無線指令を傍受した交番の警察官は一目散に店に向かいます。

そして質店に到着してドアをすぐに開けると店主に大声で叫びました。

「どこにいますか！」

この質店は出入口が２つあり、通報された対象者は警察官と別の出口からサッと逃走します。

幸いにも後続で到着した捜査員により無事被疑者は確保されましたが、質店の店主は警察に通報したことが被疑者に分かってしまったので仕返しでもされたら困る、今後のことが心配だと怒っています。

私が店に行き謝罪することで丸く収まりましたが、この警察官は後で刑事課に来て質問をしていました。

「この場合はどうすればよかったのですか?」

ベテラン捜査員は次のように教えていました。

「ああいう時は、店に着いたら、こんにちはと言って巡回で偶然立ち寄ったように装い、警察官が到着していることを店主に分からせる。そして店内にいる対象者を確認したら、お客さんがいるのでまた来ますと言って店の外に出るんだ。店の外に対象者が出てきたら確保し、たまたまパトロールしていて店の中に入ったら手配者を見つけたので無線で捜査員を呼び待っていたとでも言えばいい」

1つの方法として参考になります。

日頃から事案を想定し対応を考えておく必要を感じます。

逃げられた話　その２

ある夜、不審者の侵入をセンサーが感知して異常発報となり警備会社から１１０番通報が入りました。

他にも事件や事案の扱いがあり、パトカーや機動捜査隊がすぐに現場に向かえる状態にありません。現場に先着したのは交番の新人勤務員でした。

先着したこの警察官は、現場建物の影から出てきた男を見つけてすぐに確保したのですが、職務質問したところ身分を証明するものを所持しておらず、近くに停めてある車の中にあると言うのです。

それで警察官は、確認するために男と共に車に向かったのですが、男は車のドアを開けて車内に乗り込むとアッという間にエンジンをかけて逃げ出したのです。

幸い逃走した自動車のナンバーを確認していたので無線手配をして、間もなく現場に向かっていた他の捜査員が被疑者の車を発見して確保したのですが、後着した機動捜査隊員の1人がぼやいていました。

「少し考えれば分かりそうなものだ。エンジンキーを取り上げておけば、逃げられることもなかったのに」

新人の警察官には大変勉強になる経験でした。

この失敗で次に同様の扱いがあれば今度は大丈夫だと思います。

犯罪経歴証明

　過去に窃盗事件被疑者として取調べをしたことのある女子大生が、母親と深刻な顔をして刑事課に相談に来ました。

　別の部屋で話を聞いたのですが、その内容は次のようなものです。

「大学を卒業したら海外で働きたいのですが、渡航には犯罪経歴証明書が必要なようで以前に警察に取調べられたことがあるので行けなくなるのでしょうか？」

　犯罪経歴証明を取り扱う警察本部刑事部鑑識課に照会したところ、本人が希望する国では特に影響せずに大丈夫なことが分かりました。鑑識課の人からも、

「心配しないで勉強するように」

　などと話してもらいました。

　当時は事件は簡単に終わったと考えていたのでしょうが、今頃になって心配の種になるとは恐ろしいものです。

捜査第三課員

新人の警察本部捜査第三課員が当署による窃盗常習者の捜査に加わりました。

捜査第三課というのは、盗犯捜査を担当する課です。

春の定期異動で新たに捜査第三課に引きあげられてきた課員を教育のために見てやってほしいと警察本部が言ってきたので、1人でも捜査員がほしいこともあり受け入れることにしたのです。

しばらく捜査を進め逮捕状が取れることが確認できたので、被疑者を警察署に任意同行して逮捕することになりました。

前もってこの三課員には次のように話していました。

「逮捕状は被疑者の自供、もしくは心証を得てから執行すること!」

被疑者を取調室に入れて三課員が取調官となって話を聞きます。取調室に入ってから10分ほど経った頃でしょうか、三課員が取調室から出てきました。

「課長、否認です。事件を話しません。令状を執行してもいいですか？」

「まだ早い。まず被疑者を落とせ！（喋らせろ）取り急ぎするな！」

私が答えると、また取調室に入っていきました。

そして15分ほど経つとまた取調室から出てきました。

「話しませんね。逮捕しましょう」

この常習被疑者は昔私も取調べたことがあるので三課員にこう告げました。

「被疑者を私と２人だけにしてくれ。話をさせてくれ」

そして取調室に入りました。取調室には私と被疑者の２人だけです。

被疑者は、私の顔をじっと見て昔のことを思い出したのか驚いた様子です。

「しばらく振りだな。またやってしまったのか。今、私はここの刑事課長だが、あまり捜査員の手をわずらわせるなよ」

私がそう言うと不満そうに答えます。

「知らない刑事が突然家に来て、やいのやいの言うので頭にきますよ。それで分かっているとでも知らないと言いますよ」

「事実を認めろ！　自分のしたことだろう」

「逮捕状も出ているようだし課長も俺のこと知っているし、しょうがありませんね」

「それなら素直に話せよ。今、調官を呼ぶから自分の口から話せよ」

その後は三課員ともう1人署の捜査員を呼んで交替し被疑者の話を再度聞かせました。しばらくすると三課員が取調室から慌てた様子で出てきました。

「落ちました。落ちました。認めています」

そこで少し叱責しました。

「落ちるのは当たり前だ。それで余罪は？　本件を認めただけでアタフタしていたら被疑者に足元を見られるぞ。余罪のさわりを聞くまで部屋から出てくるな！　それと、この程度の報告で取調官がいちいち部屋から出てくるな。そのために署の刑事をつけている。係員（刑事）に連絡させろ」

すると項垂れて取調室に入っていきました。その後はスムーズに手続きが進みました。

書類手続きなどを終えて、その日の夕刻のことです。

三課員を周囲に誰もいないところに呼び出しました。

「捜査第三課は、私も過去に勤務していたので分かっているつもりです。これから署での事件を指導するというプライドを持って捜査してください。それと捜査第三課員が捜査するのに常に頭に入れておかなければならないことがありますが、分かりますか？」

　三課員は答えられません。

「それは被疑者の『常習性』『悪質性』『広域性』を引き出すことです。これを調書に載せてはじめて捜査第三課員です。それに加えて署の捜査員の模範になる捜査とニュース性のある事件にしてください。この事件被疑者はたくさんの犯行をしています。だから捜査三課に来てもらったのです」

　すると目を輝かせて答えました。

「初めて教えてもらいました。ここに来る時、担当補佐から『刑事課長に勉強させてもらえ』と言われたのですが、その意味がよく分かりました。ありがとうございます。これからも気が付いたことがあれば言ってください」

　その素直な姿勢に今後の成長に期待ができそうだと感じました。

第4章

知能犯の事件簿

張込みの失敗

詐欺事件被疑者の行動身辺を把握するために、対象者が自営する不動産屋がよく見えるガソリンスタンドに協力を求め、店員になりすまして張込みをすることになりました。ガソリンスタンドの作業ジャンパーを借りて他の店員と同じように給油をしたり、窓を拭いたりと見よう見まねの行動をします。

張込みを開始して3～4日経過した頃、スタンドに来店した客に捜査員が小声で尋ねられました。

「大変ですね。うまくいっていますか？」

スタンド店員の1人が来店する馴染みの客に「ここだけの話ですが」「内緒ですよ」と言って警察が張込み捜査をしていることを話していたのです。

スタンド所長からは謝罪の電話がありましたが、すぐにその場から撤収して別の方法で行動確認をすることにしました。

聞き込みの失敗

捜査協力者から選挙違反容疑の断片情報を入手した時のことです。

「クリーニング店組合員の一部が立候補者から料理店で饗応接待を受けたらしい」

この事実を確認するべく警察署に出入りしているクリーニング店の店主に状況などをそれとなく聞いたところ、この店主は頼みもしないのに捜査員気取りで一軒一軒仲間の店を回ったらしいのです。

そしてこの情報が立候補者参謀の耳に入り、すぐに宴会の会費が徴収されて領収書が配られたらしいという追加の情報が協力者から入り、違反容疑事案はつぶれてしまいました。

捜査での聞き込みは相手を選ぶことが大事だと痛感した事案です。

無人契約機と詐欺

午後3時頃、課員はすべて内偵捜査などで外に出ていて刑事第二課の事務所内には私しかいない時に外線から電話が入りました。

日頃から懇意にしている駅前のサラ金会社のお姉さんからです（私がサラ金からお金を借りているわけではなく、事件の裏付捜査等の協力で懇意になった消費者金融会社の社員さんです）。

「課長でちょうどよかった！　実は先日契約機でカードを作ったお客さんが、別の名前でまたカードを作りにきています。おかしいです。店に来てください」

「お客を引き延ばしていて。すぐに行くから！」

警察署から駅前の消費者金融会社までは、歩いても10分かかりません。

急いで駅前の交番に飛び込んで勤務員2名を引き連れて会社に行き、無人契約機ボックス内に残っていた男を確保しました。

連絡をしてくれたお姉さんは次のように話してくれました。

「約１週間前に無人契約機で健康保険証の身分証明を使って融資カードを発行しましたが、今日も同じ男が来店してカードを作ろうとしていました。でも、身分証明に使う健康保険証の名義が前回のものと違うのでおかしいと思い連絡しました」

外に捜査に出ていた課員を署に呼び戻し、男を取調べるとともに裏付けを行いました。

すると男は塾の経営者で、事業主として社会保険事務所に架空人物の健康保険証作成を申請していたことが分かりました。それを利用して消費者金融の無人契約機で融資のカードを作り、そのカードで現金を引き出していたのです。

つまり架空人物の健康保険証を使っての融資（サラ金）の申し込みです。

無人契約機を使った詐欺事件で逮捕することを指示したのですが、消費者金融会社の無人契約機システムができて間もないことで前例がありません。上司に報告に行くと、署長、刑事官ともに相手が無人契約機と聞いてか、首をひねりました。

「無人の機械を相手では人を欺いていない。機械なので詐欺にはならないのではないか」

そこで、こう説明しました。

「消費者金融会社の無人契約機は、誰にも会わずにカードが発行されると宣伝されていますが、実際は無人ではなく融資会社の社員が客と直接対面せずに機械を通して操作しているだけのことです。マジックミラーを通じて対話しているのと同じです」

これで了解をもらい逮捕しました。

当課では、機械が設置された頃に、サラ金のお姉さんからこのシステムについて教えてもらっていたので余罪を含む事件の解明は比較的簡単でした。

これが全国で初めて事件検挙となった無人契約機械を使った詐欺事件の検挙端緒です。

私は、捜査員の日頃の捜査情報収集と協力者との連携確保による検挙をアピールしたのですが、事件が終結すると妙な方向に話がいってしまいました。

あれほど事件の立件を疑問視していた署長や刑事官が、てのひらを返したように「私が全国で初めての事件を指揮し検挙した」とか「私が判例を作った」などと外部に話していたのです。

事件検挙の裏側は、まったく別物ということが分かる事件でした。

帳簿を読む

これも私が課内事務所で1人で留守番事務をしていた時の話です。

中年男性と女性の2人が相談に来署しました。

聞くと地元建設会社の社長と経理事務を行っている女性係長でした。

「会社経理をしている社員が横領しているようです。これから弁護士などに相談しようと思うのですが、その前に相談に来ました」

経理簿冊や通帳類を持参していましたので、内容をざっと見せてもらうと、その帳簿の中に、

○○議員に挨拶　××円
△△議員に商品券　××円
☆☆県局長との飲食　××円

□□市役所課長接待　××円

など単純な横領事件よりも興味深い内容の記載がたくさんあります。そこで、「事件は単純な使い込みでの横領のようですね。相談する弁護士さんに依頼して告訴状を出していただければ大丈夫ですよ。その前に帳簿などをチョッと検討させてください」

と言って社長の了解を得て帳簿類、通帳類をすべて複写しました。

当日はそれで帰られたのですが、その後、この会社からは帳簿類を見た弁護士さんからの助言があったのか告訴状は出されませんでした。

こちらとしては帳簿類にあった政治資金やサンズイ（汚職）の情報はしっかりといただいて、警察本部捜査第二課に有力情報として報告送付させていただきました。

事務所内に1人でいても案外事件情報は得られるものです。

社会派弁護士

告訴は、犯罪の被害者などの告訴権者が捜査機関に対し犯罪事実を申告して犯人の処罰を求める意思表示です。

刑事第二課にはよく個人だったり弁護士と共に知能犯容疑の告訴状を持参する方が来署されます。

しかし、その大半が本人の思い込みや、疑いだけのもので犯行を疎明する資料がなかったり不足しているものばかりです。

告訴の受理については、刑事訴訟法により司法警察員が受理することになっていますので、巡査部長以上が担当するのですが、私は知能犯の告訴については経験の浅い巡査部長や警部補だけで聞くのは荷が重いと考えて、係長（警部補）と捜査主任（巡査部長）、刑事課長と捜査主任などの組み合せで応対することにしていました。

そうすれば事件内容の流れなどの理解ができますし告訴受理が可能か否かの擬律

判断や今後の捜査方針なども立てやすいからです。

ある日のことです。被疑者の人権に取り組む「〇〇の会」に所属されている若い社会派弁護士が告訴人と一緒に、取り込み詐欺容疑の告訴状を持参したことがありました。

この時は、私と経験豊富な知能犯係長が応対しましたが、告訴状の内容を読み状況説明を聞いたところ次のような話でした。

永年（10年以上）手形取引をしていた会社に、いつものように商品を納入したが、今回はその手形が期日に落ちず銀行から不渡りの連絡がきたので、不審に思いその会社に行ったところ会社建物には誰もおらずもぬけの殻で、近所で聞くと倒産して夜逃げしたらしい。納品した商品の行方は分からず、商品を取り戻したいので取り込み詐欺で告訴したい。

話は分かりましたが、詐欺の要件である、

・欺罔行為（計画倒産の行為）
・騙取（納品した商品の処分状況）

などについては不明曖昧で、10年以上も取引していた会社だが代金が回収できないのでとりあえず詐欺で告訴し、夜逃げした会社社長や商品の所在を警察の方で捜してもらいたいというのが本意のようでした。これでは詐欺事件としての捜査立件は難しいと思われます。

私がその旨を説明したところ、告訴人は納得したのですが、弁護人は告訴状を作成した手前もあり、何とか受理させようと、あれこれと文句を言い始めました。

「なぜ、告訴状を受理しないのか？　詐欺と言っているのだから警察はそれを捜査すればいいではないか」

そしてこんなことを言い始めました。

「この被告訴人は、何も言わずに夜逃げした悪いやつだ。逃走しているのだから見つけ出して逮捕して、ガンガン叩けば自供する。逮捕すれば大丈夫だ。こんなやつは逮捕して厳しく取調べすれば、私だって自供させられる事件だ」

そのうちにヒートアップしたのか、

「不受理の理由を書面でよこしなさい」

とまで口にしたのです。それで私は、弁護士に言いました。

「勉強不足で申し訳ありませんが、不受理の理由を書面にするというのは何の法律に書いてあるのでしょうか？　根拠の法律を教えてもらえませんか？　それにしても社会派の弁護士さんが、逮捕してガンガン叩けば自供とは……」

するとさすがに言い過ぎたと思ったのか、

「私だって、立場が変われば言いますよ」

とバツが悪そうにモゴモゴと口にしたのです。それでも告訴人もいるので弁護士の顔も立てておかなくてはと考えて、こう話しました。

「この会社に関する情報があったのは、これが初めてです。いい参考情報をいただきました。この会社で他にも同じような事案情報があれば何らかの捜査ができるかもしれません。告訴状は受理できませんがコピーで預からせておいてください」

これで弁護士も納得して帰っていきました。

弁護士が帰った後で、同席した係長と2人で人権派弁護士の言った、

「立場が変われば……」

という言葉には呆れて大笑いしました。

証拠を押さえろ

盗難した預金通帳を使って銀行で預金を引き出そうとしたが事故届けがあったために発覚、被疑者を有印私文書偽造、同行使、詐欺未遂事件被疑者として検挙した事件がありました。

被疑者を現行犯逮捕したのは通報で現場に最初に到着した新人交番勤務員でした。私としては、新人の警察官が1人で被疑者を確保し最低限度の証拠品である預金通帳、印鑑、払戻請求書を押さえていたので、よく頑張ってくれた、後で褒めようと思っていました。

ところが、この検挙に一枚噛もうとしたのが能書きばかりで体を動かさず、自分からは仕事をしないいわゆる「ゴンゾウ」と呼ばれる交番勤務員です。

刑事課に銀行での受付札を持ってきて、

「これだから新人の警察官は駄目なんだ！　証拠品を完全に押さえていない！　受

付札は、被疑者の銀行でのやり取りの最初の証拠品だ！」

と大声で勝ち誇ったように言い、「そうですよね。刑事課長！」と同意を求めてきたのです。

この同意を得たなら検挙手続きに自分も加われるとの考えが目に見えます。それで私はこう返事しました。

「そうですね。私は最低限の証拠品は押さえてあるので大丈夫だと思っていました。たしかに厳密に言えば受付札も証拠品になりますかね。では、被疑者が払い戻し請求に使ったボールペンも押さえてもらえましたか？　これも犯行に使った立派な証拠品ですが」

するど形勢が逆転してマズいと思ったのか黙って刑事課から出ていきました。

これを聞いていた捜査員たちが口々に、

「受付札が重要な証拠品なら印鑑を押した朱肉は？」「払い戻し請求書を書くのに使った台は？」

などと言い、最後には「いっそのこと、やつに銀行ごと押さえさせましょうか？」

と言い出し大笑いしました。

第5章 暴力犯の事件簿

取調室のモニター

どこの署にもあるわけではありませんが、大規模な警察署には取調室に集音マイクが取り付けてあったりします。

日曜日のことです。

前日の夜に暴力団員を傷害事件被疑者として逮捕したのですが、その日は他にも詐欺事件（無銭飲食）と窃盗事件（色情盗）の被疑者が逮捕されていて取調べをする捜査員が不足しているので、課員の誰かに召集をかけようと考えていました。

すると強行犯担当の女性刑事がこう言ってきました。

「課長、傷害は私が調べますよ」

「相手はヤクザ者だぞ、大丈夫か？」

「ヤクザ組員でも罪名は傷害ですから。それに昨晩は、強行犯の身柄は入っていません。勾留が付くように軽く調べるだけですので心配いりません」

しかし相手が相手だけに気になりますのでモニター設備のある取調室を使用させました。

取調べの様子を音声モニターで聞きましたが、女性刑事は取調室に連れてこられた被疑者に冒頭から堂々とした声で告げました。

「私は強行犯担当の○△と言います。私が、これからあなたを傷害事件被疑者として調べます。知っていると思いますが、供述拒否権があり言いたくないことは言わなくていいが、嘘だけは言わないこと！」

さすがは強行犯担当です。組員もいつもと勝手が違うのか捜査員の質問に対して素直に「ハイ！」と答えていて安堵したことがありました。

事件化する

会議から戻ると、暴力団担当の刑事ががん首を並べてヒソヒソ話をしていました。係長によると、捜査員の1人が暴力団組員の妹から次のような話を聞いたとのことです。

「16歳少女が、母親違いの組員の兄に性的な被害や虐待を幾度となく受けています。母親も見知っているようですが、怖くて何も言えないらしい。少女も泣き寝入りの状態で過ごしているが少女からの調書作成は十分可能です。とりあえず少女は児童相談所に連絡して保護してもらうことにしますが、これを事件化するには被害者と被疑者2人だけの状態で幾度となく同じ犯行を繰り返しているので、やった、やらないの話になるでしょう。それに犯行日時などの特定も難しいと思いますし、自宅の寝室での犯行で証拠品などの採取も多分困難です。事件として送致しても起訴もされないと思うので、少女には何とか状況を（事件化は無理だと）理解してもらおうかと話していました」

そこで、暴力団担当捜査員全員（といっても4人ですが）と強行犯担当係長、それに生活安全課少年事件担当係長を集めました。

まず自分から係員に話しました。

「起訴されないだろうからと考え、事件化しないのは間違いだと思う。被害者がいるのだからできる限りのことをして事件送致して処分は検察庁に委ねるのがスジだ。それに暴力団員の事件なのであらゆる法令を適用して検挙して、少しでも社会から隔離すべきである」

そして事件化することを前提として検討することにしました。

まず、罪名についてですが、強姦や強制わいせつだと告訴状が必要となり、被疑者側から「何で告訴した」と少女に対する文句や嫌がらせが予想されます。また、被疑者関係者（暴力団関係者）からも被害者に告訴取り下げの働きかけも考えられます。

それに対し、16歳の少女に対する淫行条例で対応すれば、警察での事件掘り下げで発覚したとして取り扱うことができます。その後、状況によって強姦や強制わいせつに移行することを考えることにしてはどうか？　犯行日時の特定は、日時場所が被害少女の記憶で一番よく分かるものに特定し、本件犯行の証拠品押収は見込まれないが、関係場所の捜索も広く実施する。

このようなことを決めましたが、一部の捜査員はそれでも、

「事件は無理ですよ。検事も喰わないでしょう」

「いいかげんな事件で逮捕権の乱用にならないですか？」

「感情論だけでは、捜査はできないのでは？」

などと言っています。

「何度も言うが自分の考えで処分結果を出すな。やる前に結果を判断するな。被害者がいて、相手はヤクザだ。事件内容も悪質。逮捕権の乱用とか感情論とかの話も出ていたが、被害の状況、内容を知れば普通の常識人なら逮捕権云々は言わないし、非難もないと思う」

私はそう言い、押し切りました。

「検事のところには、事前に私と係長とで相談連絡に行きます」

翌日、検察庁に赴きましたが、相談を受けてくれたのは、過去に何度も事件扱い

や相談などをして知っている女性検事でした。早速、検事に事件の概要を説明します。

「被疑者は、暴力団組員であること」

「被害者は16歳未成年の少女。少女の将来に大きく影響があること」

「事件の犯行形態は悪質そのもの」

「ガサ（捜索）を行い、他に何か余分な物が出れば見つけもの」

「強制捜査で臨みたい」

「逮捕すれば、組も被疑者も事件が事件だけにヤクザのメンツもつぶせる」

「被害者は、児童相談所と連携して確実に保護する」

これらの事情を説明すると、検事からはＧＯサインが出ました。

「状況からして公判請求には難しいかもしれない。しかし、やる価値はあるし、やるべきだと思います」

「公判請求は難しいのは分かりますが、我々も努力するので何とか紙代（罰金）ぐらいは取ってくださいよ」

私が言うと、笑いながら検事は答えました。

「刑事課長は、いつも強引でイケイケですね！」

署に戻り早速、署長と副署長に報告するとともに事件担当の捜査員に指示しました。

「被害者調書は、これまでの被害者の経緯、心情などをきめ細かく取れ。母親をはじめ関係者の裏付けも、これでもかという位に徹底して取れ。事件の成否は、そこにかかっている」

私の本気度が伝わったのか捜査員にもこれで本当のやる気が見えました。

被害者少女は非常に賢く、供述調書の作成に積極的に協力してくれました。それで逮捕状と捜索差押許可状を請求して事件着手しました。

暴力団組員1名による福祉犯罪、検挙1件です。

しかし案の定、被疑者は犯行事実について否認をし、後に認めましたが供述のみでは公判維持が難しく、残念ですが処分結果は20日の勾留の後、嫌疑不十分の起訴猶予となりました。

釈放された被疑者のその後ですが、事件について組織からも馬鹿にされて本人は浮いた存在となり、ついには組からも逃げ出したらしく家にも寄りつかなくなり、どこかに行ってしまったと聞きました。

けん銃は溶けない

足抜けをした組員からの情報ということで捜査員が報告してきました。

「課長、どうします？　4年前に元兄貴分の自宅で、チャカ（けん銃）1丁を見せてもらったことがあるなどと話していますが」

詳しく聞くとけん銃を見た日時と場所は特定ができるし、調書の作成にも応じるとのこと。

「じゃあ目撃調書を巻いて（作って）、ガサフダ（捜索差押許可状）を取り、関係場所を引っ掻き回そう」

「でも4年も前ですよ！　もう、チャカはそこにないのでは？」

捜査員はそう言いますが、へそ曲がりの私は反対されたことで、

「シャブ（覚醒剤）なら溶けるかもしれないが、チャカは溶けないだろう」

と思いつきで言ってしまいました。

ヤクザ事務所など関連場所も併せて数箇所の令状を請求して事件着手です。

私も心の中では、4年も前では多分出ないだろう。脅かしだけのガサになるかもと思っていましたが、当日、朝早くから捜索に行っている捜査員から報告が入りました。

「課長、当たりです。目的の兄貴分の家の押し入れ布団の間からチャカがギョク付き（弾付き）で出ました。本人も認めていて現行犯逮捕しました」

後に現場から戻った捜査員に聞くと、この兄貴分は最近まで別の場所にけん銃を隠していたらしいのですが2～3日前に飲み屋でチンピラたちと大喧嘩をして仕返しに来るのではと心配になり、手元に持ってきていたとのことでした。

暴力担当係長が言いました。

「課長の言う通り、シャブは溶けるがけん銃は溶けませんね！」

いずれにしても結果オーライの事件でした。

ドアを開けさせる言葉

ヤクザ者の傷害事件被疑者を逮捕することになりました。

この男は、毎回逮捕する際に部屋のドアをすぐには開けない癖がある者です。

何とか、すぐにドアを開けさせる方法はないものか。

そこで考えた末に女性警察官に魔法の言葉を教えました。

被疑者のアパートドアの前で可愛らしく弱々しく声をかけさせました。

「スミマセン。前に停めてある車に接触してしまったんですが、お宅の車でしょうか？」

案の定、この声を聞いて被疑者が勢いよく出てきました。

それで確保です。

被疑者は、

「警察のくせに嘘をついた。卑怯だ」

などとブツブツ文句を言っていましたが、

「いいかよく聞け、車に接触したとは言ったがぶつけたとは一言も言っていない」

と撥ねつけました（しかし、この手はもう次には使えないでしょう）。

事務所に来い

仕事が終わり、盗犯担当の捜査員たちと反省会と称して駅近くの居酒屋で軽く飲んだことがありました。

約2時間後に飲み終えて皆と別れ、捜査員と2人で駅方向に雑談しながら向かっていたところ、対向から歩いて来た若い男に突然、因縁をつけられました。

「この野郎、何ジロジロ見てやがる！」

捜査員は軽くいなします。

「別に、俺何も見てないけど」

その返答が更に気に障ったらしく相手は激昂して言い放ちました。

「××会○○組の者だ。事務所に来い！」

しかし、今まで見たことのない組員ですし、こちらも特段急いでいるわけではありません。

「行きましょう。行きましょう」

そう言って仕事柄よく知っている駅裏にある○○組の事務所についていきました。男の指示で事務所に入ると、顔見知りの組幹部が応接椅子に座っていて、私たちを見て不思議そうに言いました。

「あれ課長、今日は何ですか?」

「この人に駅前で声をかけられ事務所まで来いと脅かしを言われたもので」

その途端、組幹部は慌てて立ち上がり若い男の胸倉を引っ張り事務所の奥の方に連れていきました。

そして何かバチバチと平手で顔を叩くような音がした後に組幹部だけ出てきました。

「申し訳ありません。よく言っておきます。今日はお引き取りを……」

「せっかく、付いてこいと言われてきたのに。お茶も出ないのかい」

私たちはそう言いながら事務所を後にしました。

後日、暴力団担当の捜査員に聞くと、因縁を付けてきた若い男は、他県から流れてきて最近居ついたばかりの者ということでした。組の親父にも相当怒られ、他の組員からも相手にされずに浮いていたとのことで、そのうち黙って組抜けでもしてどこかに行ってしまうでしょうとも言っていました。

指名手配と職務質問

3ヵ月前に詐欺で指名手配していた暴力団組員が、職務質問で発見され護送されてきたことがあります。

逮捕されるまでの経過を逮捕した警察官と被疑者の組員から聞きましたが、被疑者本人は指名手配されていたことをまったく知らなかったようで、たまたま都内に遊びにいき女性と知り合い、そのまま女性のアパートに転がり込み「ヒモ」的生活をしていたようです。

それが、当日暇なものでアパート近くの公園で時間をつぶしていたとのことでした。

すると、たまたま公園前にある交番で新人警察官が立ち番をしていて、先輩警察官が公園内の組員を指さし、こう言ったそうです。

「ずっと立っているのも暇だろう。職務質問の練習に公園内にいるあの男を練習で職質してこい」

　新人警察官は、「ハイ！」と返事して、男のところに行き、話しかけました。

「私は、警察学校を卒業して、そこの交番に配置された者です。先輩から職務質問の練習をして来いと言われたのですが、練習相手になってください」

　すると組員も暇なことと相手が新人警察官と知って大きな心（？）で、

「いいよ。何でも質問しな！」

と練習台になったそうです。

　それで住所、氏名、生年月日などについても正直に答え、新人警察官も真剣に聞いてメモを取りました。交番に戻り電話でこの組員について照会したところ指名手配にヒットしたということでした。さすがに指示した先輩警察官も驚いたようです。

　逮捕された組員は「余計なことをしなければよかった」とボヤいていましたが、逮捕した新人警察官は「勉強になりました」と警察署から出る時に嬉しそうに話していました。

親しい関係

刑事課の出入口付近にある庶務係の机を借りて被害届受理簿を確認していた時のことです。

取調室から暴力団担当の係長と話を終えたヤクザ組幹部が出てきました。

組幹部といっても係長から報告を受けていただけで私の知らない男です。

帰り際、空席の刑事課長席の方を見ながらいかにも親しい間柄のような口ぶりで話しかけてきました。

「今日は、刑事課長はいないのか？　○○が来ていたとよろしく言っておいてくれ」

男の後ろから係長が「課長を知っているの？」と聞くと「まあな」と答えていましたが、まさか目の前にいるのが刑事課長だとは思わなかったようです。

多分、課員にハッタリで刑事課長と親しいとでもアピールしたかったのでしょうが残念でした。

その幹部組員が帰った後で、私が、

「その場で名乗ればよかったかな？」

と言うと課員全員が大笑いしていました。

今度署に来た時には、こちらから声をかけてやろうと思います。

児童相談所

小学校1年生の娘を持つ母親を覚醒剤事件で逮捕したことがありました。

この家庭は夫と数年前に離婚している母子家庭で母親を逮捕する際に娘をどうするか悩みました。

元夫は、既に再婚し新しい家庭を持っているため任せることもできません。

そこで児童相談所に連絡して預けることになりました。

母親の覚醒剤使用は初犯であり、逮捕後約2ヵ月で執行猶予付きの判決を受けて釈放となったのですが、それからが大変だったようです。

母親が児童相談所に娘を引き取りにいったのですが当の娘は迎えを嫌がり自宅に帰るのを拒んだそうです。

そして、その理由が、

・相談所では朝昼晩と美味しい食事が出て、おやつまでもらえる
・寝る布団も暖かい
・勉強も教えてもらえる
・職員も親切で優しいし、友達もできた

などだったそうです。

そういえば、母親を逮捕で迎えにいった時、室内は布団が敷きっ放しでゴミだらけ。カップラーメンのゴミも溜まっていて、乱れた生活が垣間見えたのですが、それを利発な娘は嫌がったのだと思います。

第6章

当直勤務の事件簿

当直勤務

約1週間に一度、当直勤務というものがあります。

これは、通常勤務の終了後から翌朝まで、各課から集められた当直班の勤務員が対応をするものです。

私が当直長の時は副当直長として警務係長1名、刑事課員2名、交通課員2名、生活安全課員2名、警備課員2名の編成だったと記憶しています。

もちろん当直員ですので刑事は刑事だけの仕事、交通は交通だけの仕事というわけにはいきません。大きな交通事故には刑事の当直員も行きますし、変死事案を交通の当直員が手伝うこともあります。

午後11時頃まで全員で勤務し、その後は午前3時を目途に前半と後半に分かれて仮眠と勤務を交替で行うことになっていました。もっとも扱いが多くて布団で仮眠させてもらえることは、ほぼなかったように記憶しています。

殺人未遂

当直勤務に就いてすぐに駅前交番で勤務する先輩巡査部長から電話がありました。

「当直長、育児で悩んでいた母親が赤ん坊を抱いて、進入してきた電車に飛び込もうと駅ホームから線路に降りたのですが、電車の運転手が気付くのが早くて急停車。幸いにも母親の手前で止まり負傷も電車の遅れもありませんでした。母子を保護し家族に連絡して交番で身柄を引渡しますから当直員の応援は必要ありません。交番の方ですべて処理します」

俺はできるぞという元気ある報告連絡です。

ありがたかったのですが、私はこう答えました。

「任すことは構いませんが、これは赤ん坊に対する殺人未遂ですよね。犯行手段は単純ですが計画的か衝動的か？　動機は？　今後の措置は？　本当に大丈夫ですか？」

先輩は事案を単なる自殺企図の未遂と判断して殺人未遂になるとは思っていなかったようで急に小声になりました。

「すみません。当直員、刑事の応援の方をよろしくお願いします」

結局、捜査員を現場に向かわせ家族の同意のもとに母親は病院に一時収容させるなどの措置を取り、後日、任意の取調べをして殺人未遂事件としての事件送致となりました。

後に先輩巡査と飲んだ時、「あの時、お前が当直長でよかったよ」と言われてしまいました。

年末の夫婦喧嘩

仕事納めの12月28日の夕方、当直勤務中にあった夫婦喧嘩のことです。

現場に急行した勤務員が、妻に拳で殴り全治7日間の怪我を負わせた夫を傷害で逮捕しました。

負傷した妻の方は強く処罰を希望していました。

「もう二度と顔を見たくない。刑務所に入れてください。許しません！」

翌日（29日）に1日がかりで取調べを行い、翌々日に身柄とともに検察庁に身柄と共に送致しました。

検察庁に送致した12月30日は官公庁も年末年始の閉庁日で、検察庁も当番検事が事務的に取調べ未了で被疑者の勾留を裁判所に請求し、そのまま10日間の勾留となりました。

翌12月31日になり、頭に包帯を巻いた妻が警察署にやってきました。

「夫も反省していると思います。いつ頃帰してもらえますか?」

「御主人については、裁判所から連絡がいったと思いますが、10日間の勾留がついていますのでしばらくは帰れませんよ」

私からはこんな返事しかできません。

結局、せっかくの正月を夫は留置場で過ごし、仕事始めの日から2日後に起訴猶予で釈放となって迎えにきた妻と仲良く手をつないで帰っていきました。

毎年、年末になると誰かが同じような事件を起こして新年を警察署で迎えます。

水を差す当直員

消防からの１１０番転送で次のような連絡が入りました。

「夫婦喧嘩で内縁の妻を救急搬送。夫は暴力団員らしく現場から逃げ去った模様」

当直員の中で男を知っている者がいました。

「また、やつか。女房は怪我をさせられても被害届は出さないだろう。前もそうだった」

しかし当直長として相手が暴力団員と聞いては見逃すわけにはいきません。

機動鑑識、機動捜査隊を応援に呼び、当直員には次のように指示しました。

・病院から捜査関係事項照会書で本件の診断書を取ること
・被害者である女房から被害者調書を作成し、負傷の状況を写真撮影すること（供述調書が駄目なら、夫から殴られたという上申書でもよいから作成）

・現場周辺で聞込みして目撃者、駄目なら近隣者から状況の調書を作成（夫の犯行であることの裏付け）
・救急隊員、医師からの調書を作成（夫からの被害であることの裏付け）

機動鑑識には現場鑑識と写真撮影、機動捜査隊員には被疑者の追跡捜査を指示します。しかし、横の方からこんな声が聞こえます。

「当直長、女房は被害届を出しませんよ。いくら捜査をしても無駄でしょう」

「被害届は訴訟条件であって、傷害事件があったことは間違いない。相手はヤクザだ。少しでも社会から隔離する必要がある。それに被害届云々と言っていたら極端な話、殺人事件の被害者に被害届を出しますかとは聞かないだろう。それと同じことだ。被害者がいて診断書があってヤクザが犯行。これを警察が認知し捜査した。これだけで令状請求は十分だ。すぐに取りかかれ！」

これで方向は決まり、一晩かけて書類を整えて逮捕状を請求、令状発付となりました。

逃走中の被疑者を捕まえるため、早朝、暴力団事務所に電話して組長に警察署に来るよう連絡をします。

　昼過ぎに組長の代わりに組長代行が署に来たことから捜査員が取調室で状況を説明。その上で私が取調室に入り組長代行に話しました。

「組員が女房に手をあげて怪我をさせるなど、どんな教育をしている！　このざまは何だ。笑われもんだぞ！　昨晩は私が当直長だったが、こんなくだらない事件で一睡もさせてもらえなかった。組長に言って男をすぐに出させろ。駄目ならこちらからガサ状を持って迎えにいかせるが、どうだ」

　組長代行は椅子から立ち上がり頭を下げます。

「すみません。躾ができてなくて。お手をわずらわせて申し訳ありません。４～５日猶予ください。親父に話してやつを探して連れてきます」

「何を眠たいことを言っている。４～５日で薬でも抜くつもりか。今日１日だけ待つ。明日の朝まで待つが出てこないと本気でこちらからガサなどあらゆる手段を使い迎えにいくぞ。こんな事件でいろんなところにガサをかけられるのも迷惑だろう」

　散々文句を言ってから組長代行を帰し、私も当直明けなので自宅に帰りました。

　翌日、出勤すると洗面道具などを入れた紙袋を持参した男がロビーの長椅子に座っています。

そして捜査員が出勤してくる度に立ち上がって頭を下げて「おはようございます」の挨拶。逮捕状の出ている被疑者に間違いありません。組長や組長代理に絞られて一睡もしないで来たのでしょう。顔色がよくありません。

早速、苦労して捜査書類を作成した機動捜査隊員を呼び逮捕状を執行させました。

お客さん

当直時間中に交通課の取締係長が額に皺を寄せながら交番勤務員に注意をしていました。

その内容を聞くと、どうやら今日の速度取締り現場で従事勤務していたこの交番勤務員が違反車両の運転者に対し、こんなことを言ったそうです。

「お客さん、車検証と免許証を持ってこちらに来てください」

そして違反者から文句を言われたとのことでした。

「俺はお客か？」

何人もの違反者を扱い大変なのは分かりますが「お客さん」と口に出すのはいくら何でもよくありません。

交番勤務員もすっかり項垂れて話を聞いていました。

警察署の縁起担ぎ

どこの警察署もジンクス（縁起担ぎ）のようなものがあります。

例えば私が勤務した警察署の場合、当直勤務時に集まる事務室の窓際に小ぶりの熊の置物がありました。

この置物が時折ですが、何かの拍子に動かされることがあって、熊の向きが変わると大事件が起きるというのです。

それで、当直勤務に就くとすぐに熊の向きを確認し少しでも向きが違っていると当直員の誰かが慌てて元通りに修正して安堵していました。

ある当直員がこんなことを言い出したことがあります。

「こんなの迷信ですよ。試しに反対に向けましょう」

そして皆が止めるのも聞かずに置物を動かしたのですが、その日の当直は最悪で、変死から始まり強盗、ひったくり、火災、重傷ひき逃げ交通事故などが多発して仮眠を取ることもできず、勤務が明けても夕方まで見分と書類作成などで帰れませんでした。

熊の置物を強引に動かした当直員は、しばらくの間、当直に就く度に他の当直勤務員から冷ややかな目で見られ謹慎処分状態でした。

この他にも「夕食に誰かが○○を注文して食べると変死がある」「雨が降れば当直扱いが少ない」「死亡事故の人員数を口にすると死亡事故がある」などいろいろなジンクスがあります。

個人個人でも縁起担ぎをすることがありますが、口に出して言うと崩れてしまう怖さがあるのでしょう、当直勤務中は皆黙っていて、当直員の宴会などの席で「実は○○のようなことをしていまして」と話してもらったことがあります。

留置場の管理

当直勤務の中に、警察署の夜間の庁舎警戒や留置場（留置人）の管理という業務もあります。

特に毎朝晩行う留置人の出し入れには気を遣います。

いくら留置場内とはいえ、留置人を房（室）の外に出し洗顔、清掃、布団の出し入れを行うので留置人1人1人の行動に注意を払わなければなりません。

私は毎回、各房（留置人の各部屋）を当直員に分担して責任を持って注意させるようにしていました。

例えば刑事の当直員は第1房、交通当直員は第2房、生活安全課の当直員は第3房という具合です。

そうすると各当直員の留置人への観察にも違いが出て、当直員にも留置人にも刺激になります。

ある日のことです。

留置人が外に出て洗顔、清掃をしている間に、交通当直員の１人が房の中に入り室内を点検し始めました。それを見たその房の留置人の驚いたこと。

就寝時には、手紙や本など不要な物は房の外に出しておかなければいけませんが、案の定、室内に残してあった毛布の下に漫画本を隠しているのを見つけました。

留置人は、勤務員の様子をいつも見ています。

いつものことだと考えているとマンネリになり惰性に流され、留置人に足をすくわれてしまうことにもなりかねません。留置人に今日の当直員は少し違うと思わせるのも留置場での事故を防ぐ１つの手であると思います。

入電と来署

当直勤務に就いていると警察本部からの110番無線指令だけでなく警察署宛てにもいろいろな電話が入ってきます。

事件や事故ならすぐにでも対応できるのですが、

「今、パトカーが赤灯をつけて自宅前を走っていったが何があったのですか？」

「まだ子どもが帰宅しないのですが、事故などは入っていますか？」

「夫が電車で寝過ごしてしまい帰れないと言ってきました。パトカーを出してもらえますか？」

といったものから、

「パトカーから出す無線が頭に入ってきてうるさい、すぐに止めてくれ」

「特に用事ではないのですが、警察は何時から開いていますか？」

などといったものまでさまざまです。

それに加えて、どんな用事か分からない人の来署もあります。

来訪者にはすぐに用件を尋ねますが大体は次のものに分類されます。

・交通事故で交通捜査係に呼ばれた人
・事故証明の申請書類を取りにきた人
・留置場に勾留されている被疑者の接見（面会）をするための弁護士
・困り事での相談

一度、こういうことがありました。

当直勤務に就いた直後、顔面を血だらけにした薄汚れた男性が入ってきました。

当時、私はこの警察署で初めての当直勤務で、これは傷害事件かと思い、声をかけながら男に近づきました。負傷程度を見ると擦り傷（擦過傷）で、酒の匂いもします。

プー太郎（浮浪者）が酒に酔って転んで怪我をしたようです。

その時、副当直長（警部補）が近付いてきて小声で言いました。

「課長、傷の手当はしても大丈夫ですが、カップラーメンなどを食べさせるのは駄目ですよ。ラーメンを食べさせると居ついてしまいます。以前にも、誰かがカップヌードルを食べさせたら毎晩来ていましたから」

人事異動で新しい当直体制になると何も知らない勤務員から食べ物でももらおうと求めてくる常連とのことでした。

当直の勤務ではいろいろなことが起こり、一晩終えるとドッと疲れが出ます。

第7章 日々の職務の中から

証人出廷

公判で証人尋問に呼ばれたことがありました。

弁護人から実況見分と取調べ時などの捜査指揮状況等について確認の必要があるという尋問要請で、事前に検事とも打ち合わせをしての出廷でした。

傍聴席には被告人の関係者などは誰も来ておらず静かなものでした。

しかし悪いことはしていなくても法廷で宣誓署名をすると妙に緊張しているというのが自分でもよく分かります。

最初に聞かれた質問は私の警察における経歴についてで、緊張を解くのと冷静さを保つため、警察学校初任科、現任補修科、専科、講習など学校への入校の経歴と所属経歴をできるだけ長くゆっくりと話しました。

話を終えた頃には緊張も次第に解け余裕も出てきました。

しかし、次の弁護士からの質問が予定外のものでした。

「警察学校や講習に何度も行かれているようですが、成績はいかがでした？」

本件とまったく関係のない警察学校や講習の成績をなぜ披露しなければならないのか理解できません。

「成績と本件の事件とは関係ないのでは？」

「答えられないのですか？」

ここで検事が助け舟を出してくれるかと思いきや、検事は聞いていないのか黙って下を向いて書類を見ています。裁判官も同じく下を向いているだけです。

弁護士は質問を続けます。

「なぜ、答えられないの？　何回も学校に入れられたことでマズいことでもあるのですか？」

どうやら、出来が悪くて警察学校や講習に何回も行かされていると勘違いしたようです。

今度は、裁判官も顔を上げ興味深げに私の顔を見ています。

次いで書記官までもがこちらを向いて何と答えるかと聴き入っています。

そして検事の方は相変わらず下を向いたままです。

仕方なく私は答えました。

「別にマズいことはありませんが……。（一呼吸置いてから）卒業時に優等賞などをもらっています。成績もそれなりのものでした」

これを聞いた途端に弁護士、裁判官は途端にガッカリした表情になりました。

その後は特に変わった質問もなく実況見分、被告人の取調べも正当に行っているることを確認しただけでした。何のための証人出廷だったのか分かりません。

公判が終わってから検事にこの質問に対して救いがなかったと言うと笑うだけでした。

それ以降は証人出廷したことはありませんが、二度と行きたいとは思いません。

断り

外から署に戻ると、捜査員から報告を受けました。

「○×さんと名乗る方が課長を訪ねてこられました」

「○×さんというのは、何年か前の刑事部長の名前と同じだが。何か言っていましたか？」

「私に『俺を知っているか？』と聞くので知りませんと答えました」

不思議に思っていると、その直後、警察本部捜査A課長から電話がありました。

「○×元刑事部長がそちらに相談に行くかもしれないがよろしく頼む」

具体的な内容には触れず、無理難題の話をこちらに向けた形のようです。

嫌な予感がするので、早速、捜査員に聞こえるように○×さんに直接電話をかけました。

「元刑事部長、ご無沙汰しています。不在中に来署されたそうで申し訳ありませんでした。どのような御用でしょうか？」

するると、いろいろ前置きがありましたが、

「××××（生年月日）の○○という男の犯歴を調べてほしい」

との内容です。

「すみません。できません。部外者に調べてお教えすることはできません」

私はハッキリ答えました。

「やはり無理か。多分そう言うだろうと思ったよ」

そして通常の話をして電話を切りました。

周りにいて耳をそばだてていた捜査員にもいい手本になったと思います。

事件にするぞ

インフルエンザが猛威を振るっていた時のことです。

課員の1人がインフルエンザで休んだのですが、翌日には真っ赤な顔にマスクをして出勤してきました。

「オイオイ、大丈夫か？　インフルエンザだろ？」

私が言うと強気の姿勢で答えます。

「大丈夫です。熱も少し下がりましたから」

「熱が下がったといっても顔が真っ赤だ。インフルエンザなので皆にうつされても困る。家に帰って今週は寝てろ」

「大丈夫です。気力はあります」

「何が気力だ。他の者にうつされたら迷惑だ。ここには捜査員だけでなく留置人もいる。医者がいいというまでは出勤するな。もし、俺にうつしたら診断書をとって傷害事件にするぞ」

他の係員からも、

「そうですよ。それに公務執行妨害も付けましょう。帰れ、帰れ！」

と帰れコールが起こります。それで課員は頭を下げて帰っていきました。

「傷害で事件にして、後で示談にする手もありますね！」

捜査員のその言葉には笑いました。

酔っ払いの戯言

居酒屋で酔っ払ったオヤジが、隣の客にこんなことを大声で言っていました。

「俺は刑務所に何回も行っているが、今回は懲役5年、執行猶予3年の弁当持ちとなったのでしばらくは大人しくしているつもりだ」

思わず笑ってしまいました。

なぜなら執行猶予は刑が3年以下の懲役または禁錮、もしくは50万円以下の罰金にしか付かないからです。ですから懲役5年に執行猶予というのはあり得ません。

しかも以前に禁錮以上の刑を受けたことがないか、禁錮刑等の刑を受けていたとしても刑の終了から5年以上の間がないと執行猶予にならないという規定があります。

よほど「もっと上手な嘘をつけ！」と教えてやろうかと思いましたが、酔っ払いの戯言ということで放っておきました。

ちなみに執行猶予中の者を「弁当持ち」とか「爆弾を背負っている」などと言うのだけは間違いないことです。

署長の補佐

刑事課長の役割には署の幹部として署長の補佐をするものもあります。

幹部会議などで意見を言うのも大事な仕事です。

一度こういうことがありました。

幹部会議の席で交通課長からこんな話が出ました。

「全国交通安全運動のキャンペーンで１日警察署長として誰を呼ぶか現在検討中です。何かいい案、アイディアはないでしょうか？」

この話に飛びついたのが、演歌好きの○○課長です。

「例年通り、芸能人を呼んだらどうですか？　私は演歌歌手がいいと思いますが。高齢者の事故防止の観点からしても演歌歌手なら老人たちも目が向きます。喜んでキャンペーンに参加すると思います」

それに対して若い△△課長は次のように言います。

「たしかに演歌歌手だと高齢者にはいいかもしれませんが、人を多く集めるのならアイドル歌手の方がたくさん集まるのでは？」

その他の課長も「スポーツ選手の方がいいのでは？」「芸人タレントでは？」「私は○○がいいと思います」と好き勝手な意見を口にします。

その時署長が私に聞きました。

「刑事課長、君の意見は？」

「1日署長をやらせることでその効果があるのか。しっかり考えるべきだと思います。例えば、地元の中、高校生のクラブ活動をしている子に頼むのも一案です。吹奏楽部とかチアリーダーなどを呼びクラブの部長を1日署長にすれば、演技披露の場が設けられて学校も部活生徒も喜びますし、生徒の家族も必ず見にくるでしょう。前もって生徒たちに家のお爺ちゃん、お婆ちゃんを呼ぶように頼んでおけば、親戚、老人同士も呼びあって見に集まるでしょう。効果は絶大だと思います。予算はいくらなのか分かりませんが、値段の高い有名人を呼ぶより、この学生たちに焼肉弁当でも食べさせた方がよほど安くつき学生たちも喜びます」

そしてデメリットについても触れました。

「また、事件事故を起こそうと思って起こす者はいないと思いますが、芸能人などだと万が一、後日交通事故などを引き起こした場合、『１日署長』の名や個人名の感謝状に傷がつきます。マスコミからの攻撃材料にもなってしまいます。その点、学生ならば感謝状にしても学校名で出せば万が一の場合でも問題になることは少ないと思います」

するとと皆黙り込んでしまいました。

結局、この１日署長は、交通課長一任となり副署長、署長の決裁で名前の知らない歌手に決まりました。

その後何年か経ってですが、ある酒席で当時の元某課長が、私のところに来て言いました。

「あの時の意見は正しかったと思うよ。歌手や芸人が交通違反や交通事故でニュースに出るとドキッとしてしまう。１日警察署長も安易に考えて決めると後が大変だね。あの時の話が冷酒と同じで今頃になって効いてくるよ」

刑事課長の憂鬱

刑事課長になると毎月20日過ぎに気になることがあります。

これはテレビドラマなどでは映像化されませんが一番大事なことです。

それは、その月の検挙実績です。

刑事課庶務の統計担当のところに行き、「今月はどうだ？」と主なものとして窃盗事件の検挙状況について尋ねて打ち合わせをするのです。

そしてその状況を署長と副署長に事前に報告しておかなければなりません。

署長、副署長も刑事課長同様に自分の署の検挙状況を他署と比較していつも気にしているからです。

その月の窃盗事件検挙状況がよければ問題はないのですが、一般会社の営業と同じで売り上げが少ないとやはり気になりますし問題にもなります。

低調の場合、少しは言い訳も考えなければなりません。

幸いにも私が刑事課長の時は、捜査員などのおかげで質のいい（？）泥棒たちが、それなりに捕まっていましたので、さほど問題になる月はありませんでしたが、それでも月末が迫ると気にはしていました。

全国どこの警察署の刑事課長も同じだと思います。

これが12月に入るともっと深刻です。年間の検挙状況等で県下警察の順位や表彰が決まるからです。それで、この時期になると署員（捜査員など）に検挙原票（検挙報告）を出し忘れてはいないかとしつこく喚起したりします。

私が刑事になりたての頃に比べて検挙率は年々下がってきていますが、それは仕方ないことだと私は考えていました。

なぜなら人口が増加しているのに警察官の増員はあまりなく負担が増加している上、社会も変化して事件の発生も増えているからです。

発生（認知）が増えれば検挙率が下がるのは当たり前の話です。

それで、私は捜査員や統計担当に次のように指示していました。

「発生（認知）は、下手な工作など考えずに正直に報告すること。検挙率が下がるのは発生（認知）が多くなるので当たり前で仕方ないこと。しかし、検挙人員と検挙件数だけは下げるな！　これだけは前の月、前の年より絶対上げること！」

これならば警察官は努力していると言えますし、認知（発生）が多いことから警察官増員要求の資料になるだろうと考えたからです。

署長に検挙率低下の報告する際の言い訳にもしていましたが、署長や副署長も本部や対外者と話す際によく使っている手のようでした。

検事との連絡

警察署から歩いていける場所に検察庁支部がありました。

私は、概ね２～３週間に１回のペースで支部長に会いにいき、雑談を交えながら最近の事件の発生状況、現在扱っている事件の経過やこれから着手しようとする事件などを話すようにしていました。

話を聞いてくれる支部長検事は大変いい方でいろいろと事件の要点についてのアドバイスをいただきました。

もっとも支部長も毎週検察庁の本局で定例の報告連絡会議があるようで、その際の話題や本庁への報告材料に重宝されていたのかもしれません。

そういった中でのことです。

大学病院の医師がいわゆるＤＶで妻へ暴行をして首を絞めたという殺人未遂事件の告訴状を受理し捜査したことがありました。

本来なら殺人や放火事件関係は本庁に送致すべき事件なので事前に相談をするのならば本庁の検事でしょうが、この事件についても事前に支部長に話をしていろいろ指導や助言を受けていました。

支部長からはこの事件について本庁の方には自分から話しておくと言われていたので、被告訴人であった医師を通常逮捕して、殺人事件関係は支部では扱わないので本庁に身柄送致しました。

するとすぐ本庁の事件担当検事から、こう言われました。

「着手前に何の相談連絡もなかったようですが？」

「本来ならば本庁に相談に行くべきでしたが、たまたま支部長に別事件の時に話が出てそれから何回か相談をすることになり助言や補充捜査の指導も受けていました。それでこの件は支部長から本庁の部長に報告されていると聞いています」

その後は何の指示や指摘もなく無事に起訴となりました。

また火災で子ども数人が焼死した事件がありましたが、この捜査状況等も定期的に支部長に話をしていたので、本庁の定期会議では支部長から事件捜査経過等の新鮮な情報が報告されていた模様で支部長も面目が立っていたようでした。

そのためでしょうか、私が署の刑事課長から本部捜査第三課に異動するという人事異動内示が発表されて新聞に出た日に、支部長から直接電話が入り、何事だろうと赴くと、今までのお礼の言葉と餞別をいただきました。

警察署に戻り署長に報告したところ、こう言われました。

「検事から署の刑事課長が餞別をもらうとは過去にないと思うぞ。支部長検事によほど気に入られていたのではないか」

川柳

某署では、署員から川柳を集めていました。その中から一部を披露します。

「無理するな」言った後から無理させる
「定時に帰る」妻の言葉は「すぐ起きる」
蒸し暑さ　仕事の熱気が原因か？
夏休み　取ってみたいな夏の間に
梅雨の朝　隣のビルは窓を閉め
あれこれと指示する前に自分でしろ
「休み取れ」指示は簡単　取得は無理
「さあやるぞ」掛け声ばかりの係長

署内でも近くて遠い仮眠室
目に眩し　完徹明けの入道雲
ドライバー飛ばしていいのはゴルフだけ
飲んで乗り　調子に乗って記事に載る
職質はナンパじゃないよ　仕事だよ
監視の目　見ているつもりが見られてる

どこの会社（警察署）も同じようです。

誘惑

警察官にはいろいろな誘惑があります。「酒・金・女」。この誘惑を乗り越えなければ警察官ではありません。特に刑事課長になると誘惑や火の粉が降りかかってきます。

私はいつもこれらの状況を「罠だ!」「罠に引っかかるか」と思ってさばいてきました。

ある日のことです。

帰宅途中、私の車を追尾して来る車両に気が付きました。

尾行していると思われる車は特に変わったところもない大衆セダンでしたが、私の車を付かず離れずで追跡しています。関係のない場所でわざと右折すると同じように右折します。

初めは記者が私の自宅を狙い付いてきているのかと考えて、道路脇に車を停めてやり過ごすことにしました。急に道路脇に車を停めると、尾行していた車は右脇を通り過ぎていきます。

その車両を見ると運転手と助手席に1人の2人組です。

「記者で2人組というのはあまりいないが」

そう思いながらやり過ごして、つけてきた自動車のナンバーをメモに控え、いつもの通勤道路を何度か迂回して帰宅しました。

翌日、署に出勤して控えていた自動車ナンバーを署のパソコンで照会したところ、なんと警察本部の車両です。

それで警察本部の装備課にこの自動車を使用している課について照会すると、

「警務部監察官室です」

との回答がありました。

私には監察官室に尾行をされたり、行動を確認される心当たりはありません。

すぐに副署長に経過を報告しました。副署長は、報告を聞くと署長室に入りました。

しばらくして署長からお呼びがかかりました。

署長室に入ると署長は笑いながら言いました。

「監察官に尾行されていたのに気付いたんだって？　尾行を気付かれるなんて下手クソだよなあ。それとも君の（尾行の）点検確認がうまいのか？」

「一体、どういうことなんですか？」

私が尋ねると、監察官室に電話をして聞いた尾行の理由を教えてくれました。

それによると監察官室に「投げ（投書）」があったとのことで、その内容というのは次のようなものでした。

・刑事課長が事件で知り合った女性に言い寄っている
・この女性というのが家庭不和でゴタゴタしている離婚調停中の者らしい
・その女性から高価な品物を刑事課長が受け取っている

その情報の確認、内偵調査をしていたということでした。

それを聞いて思い当たることがありました。

2～3ヵ月前のことですが、国会議員の口利きで警察本部に妻が子どもを連れて家出をした事案の相談がありました。警察本部から署長に調査依頼連絡があり、署長に呼ばれた私が下命を受けたのです。

「本当は生活安全課にやらせればいいのだろうが、いろいろ事情があるようだ。忙しいだろうが、詳細を聞いて刑事課長の方で面倒を見てもらいたい」

そのため関係者から事情を聞いて、指名手配被疑者を追跡捜査した時の要領で、隣町の旅館に子どもと一緒に潜伏しているところを見付け出しました。そして旅館に行き奥さんに面会して、ご主人から家出人の捜索願いが出されていることを話しました。

しかし、家出していた女性は成人ですのでいくら夫から捜索願いが出ていると言っても強制で連れていくことはできません。奥さんにその旨を説明して、その場で夫に電話をかけ奥さんと話してもらい、一旦奥さんは彼女の実家で引き取ることになりました。

そして離婚については弁護士に相談すること、困ったことがあったらいつでも相談に乗ることを伝え、扱いの終結を署長に報告しました。

その後、この件については何の音沙汰もなかったのですが、暮れ頃にいつものように出勤すると私の机の上に煎餅の菓子箱が開けられた状態で置かれていました。

庶務係に聞いたところ、次のような報告です。

「金曜日の夕方、課長が帰られた後に挨拶に来られた方が、皆さんでどうぞと言って置いていかれました。中身も煎餅で高価なものでもないので、皆でいただきました」

調べるとこの菓子を持参されたのは、例の家出騒動の奥さんの母親でした。

それで、すぐに自宅に電話をしてお礼を述べたのですが、その時はまだ離婚の話し合いが続いていてゴタゴタしている様子でしたので、こう言っておきました。

「相談に乗れることがあれば話を聞きますよ。娘さんにも伝えておいてください」

更にお菓子をいただいたままのことが気になるので、ちょうど年末で協力者などへの挨拶に使う警察のカレンダーがあったので、それを手の空いた捜査員に届けさせました。

それが、年が明けてからどう間違ったのか、

・女性に言い寄っている
・高価な品物を受け取っている

となったようなのです。

幸いにも私は家出した奥さんの実家には、事案解決の当日に部下を同行した上でうかがっただけで、会話についてもお菓子のお礼で母親に電話をしただけです。しかも高価な品物と言われても「煎餅」ですし、私は歯の治療中ということもあって口にしておらず課員が全員でいただいています。

しかも返礼といってはヘンですが警察のカレンダーを捜査員に届けさせています。

更に当時、この経過報告についても署長の耳に入れています。

それで署長が笑いながら教えてくれた理由も分かりました。

しかし、その後が大変です。署長からこんなお達しがありました。

「私からも監察官に状況を話しておいたが、今度の土曜日に監察官が話を聞いて確認するとのことなので警察本部監察官室の○○監察官のところに行くように」

○○監察官は、元刑事部出身で、過去に仕事関係で私のことをよく知っているはずです。

当日、私は呼び出しの約10分前に監察官室のドアをノックし中に入りました。

すぐ目の前に長机があり、そこに何かをやらかしたらしい男が4人いて、それぞれ書類を書いていました。

そして私を見ていかにも、

「お前も俺たちの仲間か？　お前は何をしでかした？」

という雰囲気でいます。

そうすると、奥のほうから○○監察官が私を見て優しく声をかけてくれました。

「おう、忙しいのに悪いね。来てもらって」

すると書類を書いていた男たちは、

「こいつは違う。別の用件だ！」

と分かったらしく何かガッカリした雰囲気でまた下を向いて書類の書き込みを続けます。
○○監察官の個別ブースに入り、今までの経緯について備忘録を見せながら説明しました。既に署長から連絡がなされていますので単なる状況の確認だけでした。
監察官は、一通り私の話を聞き終わると「これは不起訴だな」と一言漏らしました。

疑われて尾行されたことや監察官室に呼ばれたことについてはいささか頭に来ていたので私はこう言いました。

「不起訴には、嫌疑不十分と嫌疑無しがありますが、どちらでしょうか？　それとこの投げ（投書）をした者に心当たりがあるので相手に一応文句を言っておこうと思います。仕事以外のことで土曜日の休日に本部まで呼ばれているのですから」

監察官は真剣な顔で答えました。

「もちろん、嫌疑無しだよ。それとこの件に関してはもう取り合うな！　心当たりがあっても放っておけ。心当たりについては、私にも分かる。多分これ以上のことは言ってこないだろうし言ってきてもこちらは取り合わない。それとこの捜索依頼話を持ってきた議員にも刑事課長が大変迷惑をしていたとこちらで釘を刺しておく。そうすれば二度とこのような依頼もしないだろう」

なるほど、今回の件は議員から今後同様の依頼などがあった場合の拒否材料等に使われるのだと理解しました。

それにしても何事においても備忘録を記載しておいてよかった、課員に調査を任せなくてよかったと痛感しました。署長に言わせると「だから、お前に任せた」とのことです。

いずれにせよ、いろいろなところに落とし穴があるものです。

トラウマ

警察を辞めて数年経ちますが、いまだに恐ろしい仕事の夢を見ることがあります。

例えば、

「課長、証拠品の数がいくら数えても足りません」

「今月は、検挙人数、検挙件数が足りず検挙率も最低です」

「留置場が空っぽです。署長から『お前が入っていろ』と言われました」

「署の裏庭に停めていた証拠品の盗難自動車が何者かに盗まれました」

「当直長、けん銃庫のけん銃が1丁足りません」

「留置人が1人足りません。逃げられたようです」

などなど。

これも小心者が刑事課長になってしまった後遺症なのでしょうか。

第8章 涼しくなる話

息子は帰っています

列車への飛び込み自殺があって死者の身元確認をした時のことです。

散乱していた遺体や遺留品を調べて、身元がある男子高校生ではないかということで家族宅に確認の電話をしました。

「モシモシ、××警察署の橘といいますが、○○さんのお宅ですか？」

「はい、○○です」

「ご家族の△△君のことですが……」

「息子なら先程帰ってきて2階の自分の部屋にいますが、何かしたのでしょうか？」

「帰られていますか？　ちょっと見て確認していただけますか？」

しばらくして母親が困惑するように言います。

「いません。たしかに2階に上がり自分の部屋に入る足音を聞いたのですが……」

「実は、息子さんと思われる（事案の状況を説明）。こちらに、どなたかと一緒に来署願えますか?」

「えーっ!」

その後母親が親戚の方と来署されて間違いなく息子さんと確認されました。

そこで改めて聞いたのですが、お母さんはたしかに息子さんが自宅に戻ってきて階段を上る足音とドアをしめる音を聞いたそうです。

不思議としか言いようがありませんでした。

肩凝りの原因

週の半ばの水曜日頃から激しい運動もしていないのに左肩が重くなりました。病院に行くまでもないのですが出勤してしばらくすると左肩だけが重く感じるのです。

妻や課員に話すと、五十肩とか運動不足でしょうと言うだけです。それで、今日は金曜日なので仕事を終えたらサウナにでも行き体を休めれば治るだろうと考えていました。

そして就業時間になったので着ていた作業服を脱ぎ、いつものようにクリーニングに出そうとポケットの中に不要な物がないか確認していたところ、上着の左ポケットの中からメモ用紙とポラロイド写真が出てきました。

そこで思い出したのです。火曜日の夕方のことですが検視をした際、御遺体の撮影がうまくできずに、その失敗した写真をポケットに入れたままにしていたのです。

これが肩凝りの原因だったのではないだろうか。そう思い、サウナには行かずに帰りがけ途中にある神社に立ち寄りお参りをしました。

案の定、月曜日には重い肩凝りはきれいに治っていました。

教えてくれたのは誰？

当直勤務中のことです。大学附属病院から中年女性の変死連絡が入りました。時計を見ると午前2時。他の当直員と検視の準備をして病院に行くとさすがに昼間とは違い院内は薄暗く人気はありません。

何度も検視で来て知っている場所なので、いつものようにホールのエレベーターを使い地階にある霊安室に向かいました。すると霊安室前の廊下にある長椅子に、黒色の地味な服を着た中年女性が1人座っていて、こちらを見ると立ち上がり頭を下げました。

今までに見たことのない人です。その人が落ち着いた声で教えてくれました。

「先生や看護師さんは、ここにはいません。まだ御遺体のある病室302号室の方ですよ」

そこでお礼を言って再度エレベーターで3階の病室に向かいました。

病室に入ると馴染みの看護師さんに聞かれました。

「夜間だから分からなかったでしょう？　よく、この部屋が分かりましたね」

「いつものように霊安室に行ったら、中年の女性がいて302号室と教えてくれました」

そう話したところ、

「霊安室に人がいましたか？　誰もいないはずですよ」

と言われてしまい、一瞬背筋がゾーッ！

病室での検視が終わって、どうしても気になり捜査員と地階に行き調べたところ、この女性は検視を終えた御遺体を搬送するために待機していた葬儀社関係の人だと分かりホッとしました。

人数が合わない

捜査車両による夜間の密行中、線路の土手の上に中学生くらいの複数の人影を見つけたことがありました。月明りで人影を数えると5人います。

深夜とはいえ、いつ貨物列車などが通過するか分からず大変危険な行為です。注意補導しようと、すぐ近くに捜査車両を停めて高い土手を相勤者と駆け登りました。

しかし線路のところに行って確保したのは男子中学生が4人だけです。1人足りません。

「何をしていた?」

「肝試しで遊んでいました」

「もう1人はどこに行った?」

「僕たち4人だけです」

「下から見た時には5人、たしかにいたぞ」

「えーっ！」

少年たちが嘘を言ってごまかしているようには見えず、周囲をいくら探しても他には誰も見つかりませんでした。

聞くところによると、この場所は昔、近くに火葬場があった場所ですし、以前列車事故で亡くなった方もいたとか。

この時の相勤者に会うことがあると、今でもこの時の不思議な話が出てしまいます。

動く剥製

ある変死現場に検視で臨場した時のことです。

御遺体のあった場所は、2階の部屋でした。

その部屋は、箪笥や棚の上に鳥の剥製がいくつか乱雑に並んでいて、電気を点けても薄暗く、手持ちのライトや懐中電灯を必要とする状態です。

時間をかけて慎重に検視をした結果、御遺体には外傷も不審点もないことから医師の検案で病死であるとの確認をしました。

検視を終えて器材道具の後片付けをしていると棚の上に並べてある鳥の剥製の1つの首がくるりと回るように動いたのです。

驚いて見るとその鳥は目を閉じたり開いたりもします。

注視すると、その鳥は猛禽類のフクロウで、剥製ではなく生きていました。

家人に聞くと故人は大変な鳥好きでフクロウを部屋の中で飼っていたとのことで

したが、まさか本物の鳥が剥製の鳥と一緒に並んでいたとは捜査員全員がビックリしました。

冷えたビール

連続窃盗犯を検挙、事件が解決して捜査終了となったことから関係した捜査員たちによる打ち上げを行うことになりました。

激励でもらったビールを執務時間が終わるまで冷やすことにしましたが、刑事課内にある冷蔵庫は証拠品や試薬などが入っていて一杯の状態です。

これではビールを冷やすことはできないので、どうしたものかと話していたら捜査員の1人が胸を張りました。

「任せてください。ビールを預かります」

そして缶ビールをケースごとどこかに持っていきました。

そして夕方になり執務時間が終わって会を始める準備をしていたところ、捜査員が預けていたビールをキンキンに冷えた状態で持ってきてくれました。

それで美味しいビールを飲むことができましたが、会の終了後にどこで冷やしていたのか聞いたところ、その答えはこうでした。

「霊安室の遺体冷蔵庫２つのうち片方が空いていたので中に入れておきました」

飲む前に聞かなくてよかったです。

相手してられません

殺人や傷害事件を担当する強行犯係の独身女性捜査員が宿舎の部屋を新人に明け渡すため自分のアパート探しをすることになりました。

私もこの相談を受けて、家賃が安く通勤に便利な物件はないかと気にはかけていたのですが、なかなか思うように言われていた条件に合う部屋が見つからずにいました。しばらくして彼女から報告がありました。

「駅の近くに家賃が安い物件を見つけたので契約をしました」

聞くと、本当に駅から近くて家賃もビックリするほど安い、築2年の2DKのアパートです。

「それにしても安いねぇ。何か問題のある部屋じゃないのか？」

私が尋ねると軽く答えます。

「事故物件（前の借り受け人が自室で死亡）です。それに大家さんが警察の人なら安心だということで更に安くしてもらいました」

　事故物件は大丈夫かと心配しましたが、本人は気にする様子もなく即入居してしまいました。

　それから1ヵ月ほど経った頃でしょうか、ふと彼女に聞いてみました。

「部屋におばけなど出ないか？」

「毎日疲れて帰って寝るだけで、出たとしてもおばけの相手なんかしてられませんよ」

　肝っ玉の据わった強行犯担当刑事らしい返事です。

「おばけが居座っていても相手にされないのでは出られないな」

「課長、おばけより生きている人間の方が怖いですよ！」

　時折、母親が部屋を訪ねてきて清掃などしているとのことで、その巡視の方がよほど怖いとのことでした。

誰かいます

捜査で浮上した窃盗容疑者の行動を確認把握するため、対象者の住むアパートと道路を隔てた住宅の2階を借りることになりました。

「今は誰も使っていない空き家ですので自由勝手に使ってください」

家主さんに親切に言ってもらえたので、捜査員が交替で対象者宅が一番よく見える部屋から張込み監視を開始しましたが、夜間に従事した捜査員から、こんな報告がありました。

「使用させてもらっている2階の部屋ですが気配を感じる時があります。誰もいないはずなのですが、部屋の隅などに人の雰囲気を感じることがあるのです」

心配になり家主さんのところに挨拶に行った際、それとなく部屋のことについて聞いたところ、悲しげに答えました。

「あの2階の部屋は息子が使っていた部屋です。息子は小さい頃から警察官や刑事になりたいと言っていたのですが、高校1年の夏に交通事故で亡くなりました」

それでこのことを捜査員に話したところ、こんな答えが返ってきました。

「それでですか、多分協力してくれているのでしょう。解決したら線香を上げさせてもらいます」

事件は間もなく検挙となり、捜査終結した際、関係捜査員と大家さんの家を訪ねて線香を上げさせてもらいました。

テレビが映った

ある変死現場に臨場した時のことです。

遺体発見の通報が遅くなり、夜間、古ぼけたアパートの薄暗い部屋での検視でした。亡くなられた方は独身で、室内には雑誌やゴミなどが散らかっていましたが、室内の蛍光灯を点けて何とか部屋の中に検視場所のスペースを作り、御遺体を布団に寝かせて検視をしていた最中のことです。

何もしていないのに部屋の隅にあるテレビから突然大きな音がして映像が出たのです。テレビはちょうど検視中の捜査員の背後にあったものですから突然のことで驚きました。

テレビのリモコンは本棚の上に置かれていて誰も触れていません。それなのにスイッチが入ったのです。

スイッチがなぜ入ったのかは、今もって分からずじまいです。

第9章 上司たちの事件簿

上司の器

私が刑事課長になる前に仕えた上司にも興味深い方、変わった方がいらっしゃいました。それをここでは記したいと思います。

空地に駐車されている盗難車が発見されたことがありました。時間的、場所的にも被疑者はこの車に舞い戻ってきそうな状況です。それで機動捜査隊の応援を求め、この車両に乗り込む者を捕捉し窃盗事実の確認等を行なう手はずを取ることとなりました。

早急に体制を整え、配置を決めて張込みを開始して約1時間が経過した頃です。1人の若い男が近くのアパートからトコトコ歩いて出てきました。見るからに胡散臭い男で、張込み捜査員全員が注視していると対象車両に近づいてドアを開けて車両に乗り込んだのです。自動車盗関係者に間違いありません。すぐに機捜隊の車両が対象車両の前に出て進路を塞ぎ、もう1台の捜査車両が空地の出入口を塞いで逃走を妨げました。

ところが男は思わぬ行動に出て、盗難車両の前に停めた機捜隊車両に向かって車両を何度となくぶつけて逃走を企てようとしたのです。

張込み捜査員たちはロックされていない盗難車のドアを開け、運転する男を引きずり出して身柄を確保しましたが、機捜隊の捜査用車両は助手席のドア付近がべっこりと凹んで見るも無残な姿です。

現場で男の身体検査と現場写真、自動車の写真を撮り、署に車両と運転者（被疑者）を搬送しました。そして車両の損傷について上司に報告したのですが、報告を受けた上司の言葉は、それぞれ違っていました。

副署長「うちの署の車に被害がなくてよかった」

署長「署員とうちの車に被害が出なくてよかった」

機捜隊副隊長「馬鹿者！　何でうちの車両が前面に出た！」

機捜隊隊長「うちの隊員と署員に怪我は？　被疑者に怪我は？　両方とも怪我がなくてよかった。車両の方は何とでもなる。お疲れさま」

どれも本音だと思うのですが、それぞれの言葉で上司の器の大きさが見えました。

うちの事件か、よその事件か

ある日のことです。川釣りをしていた人から110番通報が入りました。

「川の中に毛布に包まれた死体らしきものが浮かんでいます。毛布の中から黒い髪の毛らしいのが見えています」

それで刑事課長以下で臨場したことがありました。

現場に向かう捜査用車内で課長は独り言のようにぼやいています。

「困ったなあ。事件になる。捜査本部ができる。困ったなぁ、弱ったなぁ」

それを聞いた我々捜査員は、

「しょうがないでしょう。受けて立ちましょうよ」

と言うのですが、課長本人は重大容疑事件の対応に自信がないのか、現場に着くまでずっと独り言を言っています。

「困ったなぁ。困った、困った」

ところが現場に着いて確認したところ毛布にくるまれた死体らしき物体は、我々の署の管轄側ではなく対岸の隣接警察署側に漂着しています。

「課長、これはうちの管轄でなく隣接の○○署ですね」

捜査員の1人がそう話した途端、課長は自分のところには関係ないと知ってか、曇っていた顔が急に明るくなりました。

「何をしている。早く上げてやろう。このままではかわいそうだ。早く上げて確認しよう」

そう言いながら対岸に走り出します。

そして現場にいた者に指示して今にも川から引き上げようとしています。そこで私が声を上げました。

「課長、隣接署の捜査員がまだ到着していないのに、勝手に我々が手を付けるとウチの署の事件になりますね！」

すると今度は急に慌てて後ろに下がりながら、両手を広げて大声で制止しようとします。

「触るな。触るな。絶対に触るんじゃない！」

これには現場の捜査員は呆れてしまいました。

その後、隣接署の捜査員が到着して、不審な包みの毛布を協力して引き上げましたが、結局中身は、黒色毛の犬の死体でした。

これを確認すると刑事課長は、

「人騒がせなことをして、流したやつはトンでもないやつだ！」

などと怒っていましたが、捜査員の方は刑事課長の対応にしらけていました。

召集と捜査指揮

日曜日のことです。

生まれたばかりの赤ちゃんの死体がスーパーのトイレに遺棄されて発見されるという事案があり、刑事課員に召集がかかりました。

私も相勤者と他の事件の扱い中でしたが、連絡をもらい遅れて警察署に行くと刑事課の事務所内に課長1人だけがポツンと座っていました。

てっきり刑事課長は現場から戻ってきていたものだと思い、声をかけました。

「課長、現場はどうでしたか？　他の捜査員はまだ現場ですか？」

「さぁ？　現場に俺は行っていない。捜査員はまだ現場だと思うよ」

じゃあ誰が捜査員に召集をかけて、誰が現場の指揮をとっているんだ。まさか、当直員に任せっ放しの状況ではないだろうな、と不安になりました。

後で分かったことは、署長の了解を得て緊急招集をかけたのはその日の当直長（交通課長）で、現場での指揮については召集を受けた強行犯の係長が行い、刑事課長は蚊帳の外に置かれていたのでした。

火事捜査の必需品

不審火の火災現場見分に、強行犯担当の捜査員だけでなく、現場があまり得意ではない課長も臨場することになりました。

ところが署を出発する際、課長は何かを探しているらしくモタモタしている様子です。

我々捜査員がイライラしながら署の玄関口に停めた捜査用車両の中で課長を今か今かと待っていると、やっと署内から出てきました。

課長が手に持っているものを見て驚きました。

なんと赤色表紙の「火災の手引き」の参考書など3冊。

どうやらこの本を事務所内で探していた模様です。

そんなものは当然刑事たちの頭の中にあり、現場ではノートか白紙があれば十分です。

火災現場は合同で見分する消防署員もいるので、その場所でこれらの本を開かないことを祈るのみでした。

ラジオを聴く

刑事課長を乗せて自動車を運転していた時のことです。

定時のニュースが気になりカーラジオのスイッチを入れたところ、何か気に障ったのでしょうか、課長が嫌味を言いました。

「君は器用だね。ラジオを聴きながら運転するとは」

「パトカーでは無線を聴きながら運転しますよ」

私が答えたところ、ますます気に障ったらしく、強い指示がありました。

「運転に集中してラジオを切れ！　役に立たないものを仕事中に聴くな！」

それで黙ってラジオを切り運転しました。

ところが用務を終えての帰途のことです。

上司は高校野球の経過が気になるらしく、行くときに言ったことをすっかり忘れていました。

「おい、ラジオを入れてくれないか。野球を聴きながら帰ろうか」

黙ってラジオのスイッチを入れましたが、本当にバカバカしく、これが故事にある「朝令暮改」のいい例だと思いました。

我慢の捜査

窃盗常習者の夜間の行動が不審なので、夜間専従で相棒と捜査をしたことがありました。

昼間は自宅で寝て休みを取り、夜だけの出勤になるので当然昼間の業務に支障が出ます。これは初めから分かっていることなので、課長の許可をとって捜査に臨みました。

課長にこのことを報告した際には次のように答えていました。

「時間が少しかかってもいいから成果をあげてくれ。結果を出してくれ」

しかし3〜4日経ったあたりから言葉が変わってきます。

「昼間の捜査もあるから、もう捜査を打ち切ったらどうか？」

仕方がないので夜間捜査を終えて朝帰りした後に自宅で一旦寝て、午後2時頃から質店などを回って盗難の被害品を見付けて情報として報告し、他の捜査員が行っていた事件の裏付捜査を手伝ったりして業務の低下を少しでも防ぐようにしていました。

それでも課長からは会う度にこんな声がかけられます。

「早く打ち切れないか。もういい加減に止めたらどうか」

それこそ我慢と忍耐の捜査でした。

それから約1ヵ月後のことです。遂に窃盗常習者の犯行の確認に成功して通常逮捕することができました。そして余罪が多数あり、忍び込み事件80数件を確認、検挙解決となったのです。

事件終結後は、警察本部からの応援もない事件でしたが本部長から署と個人にも表彰がありました。

署長からは我慢の捜査でよく検挙してくれたということで慰労会を開いてもらいましたが、その席での出来事です。課長が酔った勢いもあったのか署長にこんなことを言いました。

「本当に我慢してやらせてよかった。私の指揮に間違いは、ありませんでした」

この言葉には相棒と共に驚き、唖然とさせられてしまいました。

しかし、ここで書いてきたような上司はほんの一部だけで、ほとんどの上司は素晴らしく尊敬できる人でした。見習うべきところは見習い、そうでないところは反面教師で警察人生を送ることができました。

おわりに

刑事課長の仕事が少しは分かっていただけたでしょうか。

事件判断と捜査指揮、事件現場の臨場、捜査員の士気向上と管理、署の幹部としての対応などやることは一杯でした。

以前にもどこかで話したことがあるかも知れませんが、私が警察官になったのは偶然です。

知人の警察官から「警察官募集の受験者が足りないので受けるだけでいいから」と頼まれて受験。試験に合格したら「合格した以上、来てもらわなければ困る」と言われて警察官になりました。

そして警視にまでなれたのも、これもまた1つの切っ掛けからです。

今から思えばその上司も大変だったのだろうと察しがつきますが、当時は馬鹿な上司がいて、それをある日副署長に愚痴ったら、こう言われました。

「それならお前が試験を受けて偉くなり追い越せ。お前が課長になればいい。警察はそれができるところだ。お前ならやれる！」

その気になった私は順次昇任試験を受けて、その先にあったのが捜査係長（警部補）であり、刑事課長（警部）、警察本部課長補佐、警察本部調査官（警視）、副署長、警察本部の次席となりました。

私は幸いにも上司、同僚、部下、協力者にも恵まれて、好きなことをさせてもらい充実した刑事課長時代を過ごすことができました。

署の刑事課長から本部に異動する際、離任の挨拶でこう話しました。

「仕事は厳しく忙しかったが、今日は何があるだろうかと警察署に出勤する毎日が楽しくてしょうがなかった」

すると、署員の１人から後でお礼を言われました。

「刑事課長、あの挨拶は本当ですね。私も刑事課長との仕事が毎日勉強で楽しかったです」

本当に悔いのない幸運な刑事課長でした。

著者紹介

橘 哲雄（たちばな・てつお）

昭和24年生まれ。昭和50年に県警察巡査（署外勤、強行盗犯係等）となり、巡査部長（署外勤・知能犯主任、警察本部捜査第二課特捜主任）、警部補（署盗犯係長、警察本部刑事総務課捜査共助係長）、警部（署刑事課長、機動捜査隊隊長補佐、警察本部捜査第三課補佐等）、警視（署刑事課長、通信指令課調査官、署副署長、警察本部次席等）を経て、平成21年に退職した。

著書に「ふしぎな110番」「ふしぎな取調室」「元刑事が教える　ここが違うよ！　刑事ドラマ」（彩図社）がある。

実録　刑事課長の事件簿

2019年3月14日　第1刷

著　者　橘 哲雄

発行人　山田有司

発行所　株式会社　彩図社《さいずしゃ》

〒170-0005　東京都豊島区南大塚3-24-4 MTビル
TEL:03-5985-8213
FAX:03-5985-8224

印刷所　新灯印刷株式会社

URL：http://www.saiz.co.jp
Twitter：https://twitter.com/saiz_sha

 ISBN978-4-8013-0356-0 C0195

ISBN978-4-88392-865-1　4-6判　952円＋税　彩図社刊

橘 哲雄の著書

ふしぎな取調室

警察の取調べで容疑者が「本当に」口にした信じられない供述

元警察官が実際に取調べで耳にした「信じられない供述」の数々。

「盗んだけど、4畳半の部屋ではテレビが大きすぎて見づらかった」と言うテレビ窃盗犯。

「また写真を撮るんですか？　化粧もしていないし、撮りたくないな」と、とぼけたことを言う万引き常習の女性。

「ヤクザが窃盗では皆に笑われる。傷害か何かに変えてもらえないですか？」と困り顔で言う暴力団員などなど。

思わず、耳を疑う供述が、今日も取調室で行われている！

ISBN978-4-88392-911-5　4-6判　952円＋税　彩図社刊

橘 哲雄の著書

元刑事が教える

ここが違うよ！ 刑事ドラマ

けん銃で走行中のタイヤを撃ってパンクさせる、遺体の検視を科捜研職員が行う、「婦女暴行」の罪状で現行犯逮捕する……などなど。警察官の視点で見ると刑事ドラマには引っ掛かるシーンや、気になる間違いがいくつもあります。

本書では、35年間勤めた元警察官の視点から、刑事ドラマに描かれる警察と現実の警察の違いを、「制服・装備品・警察施設」「捜査」「鑑識」「逮捕」「取調室・留置場」「その他」に分類してまとめました。

ドラマでは定番のあのシーンから、今までなんとも思わなかったささいな描写まで、思わず目を向けてしまう内容をご紹介します。

ISBN978-4-8013-0051-4　文庫判　619円＋税　彩図社刊